# Troisième Guerre Mondiale : Notre Avenir ? 2022-2023

La Vérité sur la Guerre d'Ukraine, son Influence sur notre Economie et les Marchés

Mondiaux - Crise Économique - Hyperinflation - Pénuries Alimentaires

Livres Truth Leaks

# Avis de non-responsabilité

# Comment cela a-t-il commencé ?

Ces conflits remontent à loin. Les ancêtres des Ukrainiens, des Russes et des Biélorusses ont vécu ensemble du 9e au 13e siècle dans la Rus de Kiev, une grande principauté. Une invasion mongole a mis fin à cette unité. L'Ukraine est ensuite passée en morceaux entre les mains de nombreuses puissances, dont le Commonwealth polono-lituanien, l'Empire ottoman, l'Autriche-Hongrie et l'Empire russe.

La première fois que les Ukrainiens ont déclaré leur indépendance, c'était en 1918, peu après la révolution russe. Cette indépendance n'a pas duré longtemps et l'Ukraine a été absorbée par l'Union soviétique, sous le nom de République socialiste soviétique d'Ukraine. Après la Seconde Guerre mondiale, les frontières de cette république étaient pratiquement les mêmes que celles de l'Ukraine actuelle. Le dirigeant soviétique Khrouchtchev a transféré la péninsule de Crimée de la République soviétique russe à la République soviétique ukrainienne en 1954.

L'Ukraine a beaucoup souffert pendant la période de l'Union soviétique. Lorsque les paysans ukrainiens ont résisté à la collectivisation des terres agricoles, Josef Staline a puni l'Ukraine en provoquant délibérément une famine. Des millions d'Ukrainiens ont péri.

L'Ukraine est indépendante depuis 1991. Cette année-là, 90 % de la population a voté pour se séparer de l'Union soviétique.

**Qu'en est-il de la langue ?**

Il y a une seule langue officielle en Ukraine : l'ukrainien. Cette langue est apparentée au russe, mais en diffère sensiblement. Comparez-la à la différence entre l'allemand et l'anglais.

En raison de leur histoire dans l'Empire russe et l'Union soviétique, la plupart des Ukrainiens parlent également le russe. Moscou a tenté de russifier les Ukrainiens en supprimant l'ukrainien et en imposant le russe. Il était donc dangereux pour les écrivains ukrainiens de publier dans leur propre langue.

Le gouvernement actuel promeut l'ukrainien avec une loi sur la langue de 2019. Celle-ci fait de l'ukrainien la langue obligatoire dans les écoles et oblige les chaînes de télévision et les stations de radio à diffuser principalement en ukrainien.

Plus des trois quarts de la population indiquent l'ukrainien comme première langue dans les sondages. Pour 20 % d'entre eux, le russe est la première langue. Le russe prévaut toujours dans l'est et le sud de l'Ukraine.

3

**Pourquoi l'Ukraine est-elle si importante pour le président Poutine ?**

Poutine a souvent décrit l'effondrement de l'Union soviétique comme "la plus grande tragédie du vingtième siècle". C'était probablement aussi la plus grande tragédie de sa propre vie.

Cela a mis fin à sa carrière d'espion du KGB en Allemagne de l'Est, où, selon le nouveau livre Putin's People, écrit par la journaliste d'investigation Catherine Belton, il a probablement été impliqué dans des tentatives d'assassinat par la Stasi, la police secrète est-allemande. Alors que l'Occident célébrait la victoire dans la guerre froide, Poutine, de son propre aveu, devait joindre les deux bouts comme chauffeur de taxi.

Pour Poutine, les anciennes républiques soviétiques sont toujours subordonnées à Moscou. Il estime que ces pays appartiennent à la sphère d'influence russe, qu'ils le veuillent ou non.

Cela s'applique tout particulièrement aux voisins slaves que sont le Belarus et l'Ukraine. Poutine met en avant l'histoire commune de la Rus de Kiev pour nier l'existence de la nation ukrainienne. Il a déclaré publiquement pour la première fois en 2013 que les Russes et les Ukrainiens sont "un seul et même peuple." Lors de l'annexion de la Crimée, en 2014, il a décrit Kiev comme "la mère des villes russes". "La vieille Rus est notre source commune et nous ne pouvons pas vivre les uns sans les autres", a déclaré Poutine.

Pour le président russe, il est inacceptable que l'Ukraine ou le Belarus se détournent de la Russie et choisissent la démocratie. En 2020, Poutine a soutenu le dictateur biélorusse Alexandre Loukachenko pendant des mois de manifestations pacifiques contre des fraudes électorales flagrantes. Depuis lors, Poutine a rapproché le Belarus de la Russie.

Après être intervenu contre des manifestants au Kazakhstan en 2022 également, M. Poutine a déclaré qu'il protégerait toujours la région entourant la Russie contre les "révolutions de couleur", en référence aux bouleversements démocratiques.

**Pourquoi le conflit s'intensifie-t-il maintenant ?**

Au printemps 2021, selon les agences de renseignement occidentales, la Russie a rassemblé environ 100 000 soldats à la frontière avec l'Ukraine. La Russie a parlé d'exercices et a déclaré qu'elle retirait certains de ces soldats.

Mais à l'automne, les agences de renseignement américaines ont averti que la Russie n'avait pas retiré une grande partie des soldats et qu'elle était en train de procéder à un nouveau renforcement de ses troupes.

La Russie a démenti tout projet d'attaque, mais a présenté tout un ensemble d'exigences en matière de sécurité. Le 17 décembre 2021, la Russie a lancé un ultimatum aux États-Unis et à l'OTAN. Le président Poutine a menacé de prendre des "mesures militaro-techniques" si l'OTAN ne se retirait pas de la Pologne et des pays baltes. Il a également exigé que les États-Unis et l'OTAN s'engagent par écrit à ce que les anciennes républiques soviétiques, comme l'Ukraine, ne deviennent jamais membres de l'alliance occidentale. Les États-Unis et l'OTAN rejettent ces demandes, mais sont prêts à négocier sur le contrôle des armes nucléaires et les restrictions des exercices militaires.

Le président américain Biden a déclaré en janvier 2022 qu'il pensait que Poutine allait envahir l'Ukraine. Le 21 février, Poutine a annoncé qu'il reconnaîtrait les deux régions séparatistes de l'est de l'Ukraine, Donetsk et Louhansk, comme indépendantes. Dans son discours, Poutine n'a laissé aucun doute : il ne s'arrêterait pas là, l'Ukraine appartient à la Russie. Trois jours plus tard, le 24 février, une attaque militaire sur des cibles à travers le pays a suivi.

## Que veut le peuple ukrainien ?

Une majorité croissante des 45 millions d'Ukrainiens est favorable à l'adhésion aux alliances occidentales. Des recherches menées par l'institut sociologique Kiis montrent que 59 % de la population souhaite rejoindre l'OTAN, 28 % y sont opposés. Le soutien à l'adhésion à l'UE est encore plus élevé.

Les attitudes pro-occidentales sont en hausse en Ukraine. Au début du conflit avec la Russie, en 2014, une minorité était encore favorable à l'adhésion à l'OTAN.

Il existe des différences régionales : dans l'ouest ukrainophone, le soutien à l'adhésion aux alliances occidentales est plus important que dans l'est russophone. Mais les sondages montrent que dans les provinces de l'Est, le soutien à une orientation occidentale augmente également.

Qu'en est-il de l'affirmation de Poutine selon laquelle les pays occidentaux ont promis que l'OTAN ne s'étendrait pas vers l'est ?
Depuis l'Union soviétique, l'OTAN s'est étendue à l'Europe de l'Est et aux pays baltes. Sept des huit anciens membres du Pacte de Varsovie sont aujourd'hui membres de l'OTAN.

Selon Poutine, l'Occident a ainsi brisé une promesse. Fin 2021, lors de sa conférence de presse annuelle, Poutine a déclaré : "Pas de pouce à l'Est", nous disait-on dans les années 1990. Et quoi ? Ils ont triché, ils nous ont brutalement trompés".

Des livres entiers ont été écrits sur le pouce (2,54 centimètres), comme Not One Inch de l'historienne

Mary Elise Sarotte. Ils montrent qu'après la chute du mur de Berlin, il y a effectivement eu des discussions entre les dirigeants occidentaux et les dirigeants soviétiques sur l'interdiction de l'expansion de l'OTAN. James Baker, alors secrétaire d'État américain, a demandé à Gorbatchev en 1990 si le dirigeant soviétique voulait des assurances que l'OTAN "n'avancerait pas d'un pouce vers l'est". Gorbatchev a déclaré plus tard que la suggestion de Baker avait ouvert la voie à un compromis sur l'unification allemande.

Mais aucun accord écrit n'a jamais été conclu à ce sujet. Cela s'explique en grande partie par le fait que le patron de Baker, le président américain Bush, était farouchement opposé à un tel accord. Le traité final sur l'unification allemande, également signé par l'Union soviétique, a permis à l'Allemagne d'adhérer à l'OTAN et n'a imposé aucune limite à l'expansion future de l'OTAN.

La Russie a-t-elle promis par écrit de ne jamais attaquer l'Ukraine ?
Oui. Après son indépendance, l'Ukraine était une superpuissance militaire dotée d'armes nucléaires soviétiques. L'Ukraine a renoncé à ces armes nucléaires avec la signature du Mémorandum de Budapest en 1994, dans lequel l'Ukraine a reçu en contrepartie des garanties de sécurité de la part de la Russie, des États-Unis et du Royaume-Uni.

La garantie la plus importante, qui vingt ans plus tard
sera violée par la Russie : " l'abstention de la menace ou
de l'usage de la force contre l'intégrité territoriale ou
l'indépendance politique de l'Ukraine ".

En 1997 également, dans le cadre d'un traité d'amitié
avec l'Ukraine, la Russie a promis de ne pas violer les
frontières du pays voisin.

**Quelle est la force de l'armée ukrainienne ?**

Plus fort qu'en 2014, lorsque l'armée ukrainienne a été
débordée par l'armée russe. La Crimée a été perdue
sans avoir tiré un seul coup de feu. Dans l'est de
l'Ukraine, les soldats ukrainiens ont combattu en
baskets et sans gilet pare-balles.

Mais l'Ukraine est sans espoir dans une épreuve de
force avec la puissance nucléaire russe. La Russie a
quatre fois plus de soldats que l'Ukraine. La différence
est encore plus grande dans les airs et sur mer. Alors
que la Russie dispose de 1 160 avions de combat,
l'Ukraine doit se contenter de 125.

**Zelensky s'adresse aux mercenaires russes : "Une
longue vie vaut mieux que l'argent".**

Dans un récent discours, Volodimir Zelensky a mis en
garde les forces armées russes. "Nous sommes
différents aujourd'hui de ce que nous étions en 2014", a
déclaré le président ukrainien dans une vidéo Facebook

à propos de l'annexion de la Crimée qui s'est déroulée "sans combat" à l'époque.

L'Ukraine d'aujourd'hui, selon Zelensky, est "capable de se défendre contre une invasion à grande échelle pendant 22 jours".

Le président ukrainien, comme la veille, s'est à nouveau adressé aux combattants russes. Cette fois, il a mis en garde en particulier les mercenaires d'autres pays qu'il veut sauver de "la pire décision de leur vie". M. Zelensky a déclaré qu'"une longue vie vaut mieux que l'argent offert pour une courte vie".

**Le ministre ukrainien de la défense : "Vous auriez dû arrêter ce monstre plus tôt".**

En Ukraine, plus de soldats russes sont déjà morts en trois semaines que dans les deux guerres de Tchétchénie réunies, le nombre de morts approchant celui de dix ans de guerre en Afghanistan.

C'est ce qu'affirme le ministre ukrainien de la Défense, Oleksii Reznikov, qui a adressé ce matin au Parlement européen des reproches amers à l'Occident : "Vous auriez pu et dû arrêter ce monstre plus tôt".

Reznikov a déjà fait une forte impression mercredi, selon le ministre Ollongren et d'autres, lors d'une conversation vidéo privée avec les 30 ministres de la défense de l'OTAN, ce matin il a fait à nouveau son histoire au Parlement européen et cette fois-ci publiquement. Il y a huit ans, nous avons choisi l'Europe, et aujourd'hui nous poursuivons ce choix armés. Nous ne voyons pas d'autre option que de choisir la civilisation, la démocratie et les droits de l'homme fondamentaux, mais nous payons un prix terriblement élevé.

Ce que le Kremlin fait aujourd'hui est indescriptible, Poutine est le Hitler de notre temps. Je ne peux pas parler sans émotion de la terreur d'État à laquelle nous assistons chaque jour."

Ensuite, Reznikov a raconté comment des villes et des villages entiers sont détruits, pillés et rayés de la carte. À Marioepol, selon les autorités locales, plus de 20 000 personnes ont été tuées. Un théâtre a été bombardé où se cachaient des femmes et des enfants, alors que le monstre dans cet avion savait ce qu'il faisait.

Les convois d'aide sont constamment bloqués et on leur tire dessus. Des familles entières, ainsi que les maires qui refusent de collaborer sont kidnappés et assassinés, un journaliste américain qui filmait une évacuation - pas un acte de guerre, mais une évacuation - a reçu une balle dans la tête. L'objectif de la Russie est de détruire l'Ukraine. Vous auriez pu éviter cela si vous aviez arrêté Poutine plus tôt. Pas en essayant de le ramener à la raison, mais en l'arrêtant, comme nous essayons de le faire maintenant à un coût terrible."

**Quel est le prix à payer ?**

Reznikov a ensuite présenté quelques "statistiques" :
L'armée ukrainienne, aidée par des masses de citoyens
patriotes, a déjà tué plus de 14 000 soldats russes, mis
hors d'usage 450 chars et véhicules blindés, et abattu
750 avions dans le ciel. Nous allons continuer et nous
allons gagner. Le but de la terreur est de créer la peur,
mais nous n'avons pas peur. Mais à quel prix ? Le
monde entier paie maintenant pour l'inaction de
l'Occident."

À la fin de son discours, Reznikov a demandé à
l'Assemblée une aide militaire plus importante : des
armes antichars et des armes légères, mais aussi une
défense aérienne et des armes permettant d'abattre
davantage d'avions et d'hélicoptères dans le ciel.

Et la politique de sanctions occidentales doit être
encore renforcée. Avec de la colère dans la voix :
,,Pourtant, des entreprises suisses, allemandes et
françaises font des affaires avec la Russie. Elles font de
l'argent au prix du sang de nos femmes et de nos
enfants. Nous allons vous remettre une liste de ces
entreprises."

# Table des matières

# La guerre russo-ukrainienne

**La guerre russo-ukrainienne est une guerre en cours impliquant principalement la Russie et les forces séparatistes pro-russes d'une part, et l'Ukraine et ses soutiens internationaux d'autre part.**

Les huit premières années du conflit comprennent l'annexion de la péninsule de Crimée par la Russie (2014) et la guerre dans l'est de l'Ukraine (2014-présent) entre l'Ukraine et les séparatistes soutenus par la Russie, ainsi que des incidents navals, une cyber-guerre et des tensions politiques. La guerre russo-ukrainienne a commencé après que le président ukrainien Viktor Ianoukovitch a été déposé en février 2014 à la suite de manifestations pro-occidentales et que la Russie a ensuite occupé la Crimée. Cela a entraîné des protestations dans l'est et le sud de l'Ukraine.

Dans les oblasts de Donetsk et de Louhansk, dans l'est de l'Ukraine, les protestations ont dégénéré en conflit armé après que les rebelles ont occupé plusieurs bâtiments gouvernementaux à partir du 6 avril 2014 et que le gouvernement ukrainien a déployé l'armée en réponse. Les insurgés ont réussi à prendre le contrôle des villes de Donetsk et de Louhansk, ainsi que de la zone située au sud-est de celles-ci jusqu'à la frontière russe, où ils ont déclaré la République populaire autoproclamée de Donetsk et la République populaire de Louhansk, pour qu'elles fassent partie de la Russie tout comme la Crimée.

Les autres zones du Donbas sont restées sous le contrôle de l'armée ukrainienne.

Fin 2021 et début 2022, on assiste à un nouveau regain de tensions. Le 22 février 2022, le président russe Vladimir Poutine a déclaré que la Russie reconnaissait les républiques populaires autoproclamées de Donetsk et de Louhansk, y compris leurs revendications sur l'ensemble du territoire de l'oblast de Donetsk et de l'oblast de Louhansk, respectivement. Une invasion russe de toute l'Ukraine a suivi le 24 février, ce qui a considérablement aggravé le conflit.

Le conflit a entraîné une nouvelle détérioration des relations entre la Russie et l'Occident, déjà fortement tendues à la suite de l'annexion de la Crimée par la Russie. L'Occident accuse la Russie de soutenir les insurgés tant financièrement que militairement, alors que l'Occident est en réalité considéré par la Russie comme responsable de l'enlisement du conflit.

**L'histoire depuis 1991**

Même après que l'Ukraine soit devenue un pays indépendant lors de l'effondrement de l'Union soviétique en 1991, la Russie a continué à la considérer comme faisant partie de sa sphère d'intérêt. L'analyste roumain Iulian Chifu estime qu'en ce qui concerne l'Ukraine, la Russie poursuit une version modernisée de la doctrine Brejnev sur la "souveraineté limitée", selon laquelle la souveraineté de l'Ukraine ne devrait pas être supérieure à ce qu'elle était à l'époque du Pacte de Varsovie, avant l'effondrement de la sphère d'influence soviétique.

Il fonde son argumentation sur les déclarations des dirigeants russes, qui estiment que l'intégration éventuelle de l'Ukraine dans l'OTAN mettrait en danger la sécurité nationale de la Russie.

Après l'effondrement de l'Union soviétique à la fin de 1991, les deux pays ont conservé des liens très étroits. Dans le même temps, plusieurs points de friction subsistent, notamment l'important arsenal nucléaire ukrainien, que l'Ukraine n'a accepté de céder qu'après avoir obtenu des garanties de sécurité de la part des puissances nucléaires dans le mémorandum de Budapest (1994).

Dans ce document, la Russie (et les autres signataires) s'engageait, entre autres, à respecter l'intégrité territoriale et l'indépendance politique de l'Ukraine et à ne pas recourir à la menace ou à la force contre elle. En 1999, la Russie était signataire de la Charte de sécurité européenne, dans laquelle elle "affirmait le droit inhérent de chaque État participant d'être libre de choisir ou de modifier ses arrangements de sécurité, y compris les traités d'alliance, au fur et à mesure de leur évolution" ; tous deux se sont révélés sans valeur en 2014.

Un deuxième point de discorde était la division de la flotte de la mer Noire. L'Ukraine a accepté de louer le port de Sébastopol afin que la flotte russe de la mer Noire puisse continuer à l'utiliser avec l'Ukraine. À partir de 1993, et tout au long des années 1990 et 2000, l'Ukraine et la Russie ont eu plusieurs différends concernant le gaz.

**Annexion de la Crimée par la Russie**

Quelques jours après que le président Ianoukovitch a fui la capitale de Kiev au cours de la dernière semaine de février 2014, des hommes armés opposés au mouvement Euromaidan ont commencé à prendre le contrôle de la péninsule de Crimée. Dans la capitale de la république autonome de Crimée, Simferopol, et dans la ville portuaire de Sébastopol, gouvernée de manière indépendante et abritant une base navale russe en vertu du pacte de Kharkiv de 2010, des postes de contrôle ont été mis en place par des soldats russes non marqués portant des uniformes verts et des équipements de qualité militaire.

Pour la Russie, la Crimée revêtait une grande importance stratégique car elle abritait, à Sébastopol, une base majeure de la flotte de la mer Noire.

Menace de sécession de la Crimée. Cependant, la plupart des Tatars de Crimée (environ 12,1 % de la population de Crimée) s'opposent à l'intervention russe et soutiennent les nouveaux dirigeants de Kiev. Le Mejlis des Tatars de Crimée, par l'intermédiaire de son président Refat Chubarov, a appelé à la formation d'escadrons d'autodéfense.

## Intervention russe

En Crimée, des dizaines d'hommes armés ont occupé le bâtiment du parlement dans la capitale régionale Simferopol, le 27 février 2014. Ils ont brandi le drapeau russe. Deux aéroports près de Simferopol et de Sébastopol ont été occupés par des soldats russes.

Le bâtiment de la télévision d'État ukrainienne à Simferopol a également été occupé par une milice pro-russe ou des militaires russes. Ces actions étaient destinées à "préserver la position sur la mer Noire". Le Conseil de sécurité des Nations unies s'est réuni à New York en réaction à ces événements.

Le 1er mars, le président Poutine a reçu l'autorisation du Conseil de la Fédération de Russie de déployer des forces militaires en Ukraine. Poutine lui-même en avait fait la demande. Selon lui, les troupes étaient nécessaires en Crimée pour protéger les Russes ethniques et la flotte de la mer Noire. Le Kremlin a parlé de déployer des forces militaires sur le territoire de l'Ukraine. Cela laissait ouverte la possibilité de déployer des troupes ailleurs qu'en Crimée. Trois heures plus tard, le président par intérim Oleksandr Turchynov a annoncé que l'armée ukrainienne était mobilisée. Il a averti la Russie que toute action militaire en Ukraine entraînerait une guerre.

Le 6 mars 2014, le parlement de Crimée a accepté un décret selon lequel la Crimée faisait partie de la Russie. Pour s'y préparer, l'indépendance a été déclarée le 11 mars.

Un référendum sur le rattachement à la Russie a eu lieu le 16 mars 2014, la grande majorité de la population ayant voté en faveur de ce rattachement. Cependant, l'Ukraine, l'Union européenne et les États-Unis n'ont pas reconnu ce référendum, considérant que des négociations préalables avec l'Ukraine étaient nécessaires, et que la présence militaire russe interférerait avec la liberté du vote.

**Annexes**

Le 18 mars 2014, il a été officiellement annoncé que la Crimée avait été annexée par la Russie. Celle-ci n'est reconnue en dehors de la Russie que par la Biélorussie.Le 24 mars, le gouvernement ukrainien a décidé d'évacuer tous ses soldats et leurs familles de Crimée.

**Accords et cessez-le-feu**

19

Le 5 septembre 2014, sous la pression internationale, un premier cessez-le-feu, l'accord de Minsk, a été conclu, mais a été mal respecté par les deux parties. Un nouvel accord de cessez-le-feu, Minsk II, a été conclu le 12 février 2015. Cet accord a été raisonnablement respecté pendant un temps, mais la violence a repris de plus belle au cours de l'année 2016.

## Aftermath

Le 25 janvier 2016, le gouvernement ukrainien a annoncé que l'Ukraine allait poursuivre la Russie pour l'annexion de la Crimée. Selon l'agence de presse ukrainienne UNIAN, le gouvernement ukrainien porterait l'affaire devant le Tribunal international du droit de la mer et la Cour internationale de justice, entre autres.

Depuis l'annexion, des expropriations de terres et d'autres types de confiscations, souvent qualifiées de "nationalisations", ont eu lieu à grande échelle en Crimée.

Pour désenclaver la Crimée, la Fédération de Russie a ouvert le pont de Kertch qui traverse le détroit de Kertch. Le 25 novembre 2018, la marine russe a bloqué ce détroit, qui constitue le passage entre la mer Noire et la mer d'Azov.

**La guerre en Ukraine orientale est un conflit armé dans le bassin du Donets (le Donbass), dans l'est de l'Ukraine, entre des groupes séparatistes soutenus par l'armée russe et l'armée ukrainienne.**

Le conflit a éclaté au printemps 2014, après que le président ukrainien Viktor Ianoukovitch a été déposé en février à la suite de manifestations pro-occidentales et que la Russie a occupé la Crimée. Cela a ensuite entraîné des protestations dans l'est et le sud de l'Ukraine. Dans les oblasts de Donetsk et de Louhansk, dans l'est de l'Ukraine, les protestations ont dégénéré en conflit armé après que des rebelles ont occupé plusieurs bâtiments gouvernementaux à partir du 6 avril 2014, et que le gouvernement ukrainien a déployé l'armée en réponse.

Les rebelles ont réussi à prendre le contrôle des villes de Donetsk et de Louhansk, ainsi que de la zone située au sud-est de celles-ci jusqu'à la frontière russe, où ils ont déclaré que la République populaire de Donetsk et la République populaire de Louhansk faisaient partie de la Russie en tant que Crimée. Les autres zones du Donbass sont restées sous le contrôle de l'armée ukrainienne.

Le 5 septembre 2014, sous la pression internationale, un premier cessez-le-feu a été conclu, l'accord de Minsk. Cependant, cet accord a été peu respecté par les

deux parties. Un nouveau cessez-le-feu, Minsk II, a été
conclu le 12 février 2015. Cet accord a été
raisonnablement respecté pendant un temps, mais la
violence a repris de plus belle au cours de l'année 2016.

Le conflit a encore détérioré les relations entre la Russie
et l'Occident, déjà fortement tendues à la suite de
l'annexion de la Crimée.

L'Occident a accusé la Russie de soutenir les insurgés à
la fois financièrement et militairement, alors que
l'Occident était en fait considéré par la Russie comme
responsable de la dérive du conflit. Entre 2014 et 2022,
l'Occident, en particulier les États-Unis, a soutenu
militairement l'Ukraine en lui fournissant des armes,
des formations, des exercices conjoints, des
renseignements et de l'argent.

Dans un cadre plus large, la guerre en Ukraine orientale
fait partie de la guerre russo-ukrainienne. Le conflit
russo-ukrainien de 2021-2022 est une escalade de cette
dernière guerre. Le 21 février 2022, le président Poutine
a reconnu les républiques populaires autoproclamées
de Donetsk et de Louhansk, et trois jours plus tard, la
Russie a envahi l'Ukraine, entraînant une guerre directe
entre les deux pays.

## Préface

Lors des élections présidentielles ukrainiennes de 2004,
le pro-russe Viktor Yanukovych est sorti vainqueur.

Toutefois, les résultats de l'élection n'ont pas été acceptés par une grande partie de la population, ce qui a conduit à la révolution orange. Le résultat a finalement été déclaré invalide, après quoi de nouvelles élections ont été organisées. Celles-ci ont été remportées par le pro-européen Viktor Iouchtchenko. Cependant, lors des élections de 2010, le pro-russe Ianoukovitch a encore été élu président.

Le 21 novembre 2013, Ianoukovitch a annulé les négociations avec l'Union européenne sur un accord commercial qui permettrait une plus grande intégration avec l'Europe (l'accord d'association entre l'Union européenne et l'Ukraine). Cependant, parmi une partie de la population ukrainienne, il y avait des espoirs de coopération plus étroite avec l'Occident, et Ianoukovitch a créé une énorme incompréhension parmi eux avec cette décision.

Des protestations contre cette décision ont suivi dans tout le pays, qui se sont transformées en manifestations antigouvernementales (Euromaidan). Les protestations sont devenues de plus en plus violentes et de nombreuses personnes ont été tuées lors de durs affrontements entre la police et les insurgés. Le 19 février 2014, l'Ukraine a donc déclaré l'état d'urgence. Quelques jours plus tard, M. Ianoukovitch a fui Kiev. Le parlement a destitué le président, convoqué de nouvelles élections et nommé un nouveau président du parlement.

23

Les troubles se sont déplacés de Kiev vers la Crimée, au sud, le 26 février 2014. La population de cette péninsule, qui appartenait à la Russie jusqu'en 1954, est en majorité russe et opposée au changement de pouvoir à Kiev. Le 27 février 2014, des dizaines d'hommes armés ont occupé le bâtiment du parlement dans la capitale régionale de Crimée Simferopol. D'autres bâtiments importants ont également été occupés et le gouvernement ukrainien a perdu son emprise sur la région. Le Conseil de sécurité des Nations unies s'est réuni en raison de l'annexion de la Crimée, mais n'a pas trouvé de solution. Le 16 mars 2014, le parlement de Crimée a organisé un référendum dans lequel 95% ont opté pour le rattachement à la Russie.

L'objectivité du référendum a été remise en question dans le monde entier et le gouvernement ukrainien a déclaré le référendum inconstitutionnel. Après le référendum, la Crimée a déclaré son indépendance. Le 21 mars, la Crimée et la ville de Sébastopol sont devenues des États constitutifs de la Russie, un fait que l'Ukraine et la plupart des autres pays ne reconnaissent pas encore aujourd'hui.

**Minorités russes en Ukraine**

Après l'éviction de M. Ianoukovitch, les manifestations contre le nouveau gouvernement et sa nouvelle orientation se sont multipliées, notamment dans les oblasts de Donetsk et de Louhansk, où vit un nombre relativement important de minorités russes. La police ukrainienne a tenté de contrôler la situation, mais n'y est guère parvenue. Le 6 avril 2014, des habitants des oblasts de Donetsk et de Louhansk ont pris d'assaut des bâtiments administratifs. Influencés par l'annexion de la Crimée, les habitants de Donetsk et de Louhansk ont exigé un référendum similaire, comme cela s'était produit en Crimée.

Le 12 avril, les bâtiments gouvernementaux de la ville de Slovyansk ont été occupés par des séparatistes. L'organisation Donetskaya Respoeblika, fondée fin 2005, a proclamé la République populaire de Donetsk le 14 avril.

**L'histoire du conflit armé**

Le 13 avril 2014, le président intérimaire ukrainien Oleksandr Turchynov a lancé un ultimatum pour mettre fin à l'occupation des bâtiments gouvernementaux, qui s'était désormais étendue à encore plus de villes de l'est et du sud de l'Ukraine (comme Horlivka, Kramatorsk et Mariupol). À cette fin, le recours à l'armée était maintenu comme un bâton. Cependant, sa demande est restée sans réponse et le 15 avril, l'armée ukrainienne a été officiellement déployée et les actions militaires ont commencé.

Le même jour, l'aéroport de Kramatorsk, qui avait été pris par les séparatistes, a été repris par l'armée ukrainienne. Dans les semaines qui ont suivi, l'armée ukrainienne a réussi à rétablir l'autorité dans plusieurs villes, mais les séparatistes ont conservé le pouvoir à Donetsk et à Louhansk, entre autres.

Le 11 mai, les séparatistes ont organisé un référendum sur l'indépendance de Donetsk. Les observations indépendantes étaient impossibles pendant le référendum, mais selon les séparatistes, 89 % des électeurs étaient favorables à la sécession. Le lendemain, Donetsk a déclaré son indépendance. Le même scénario s'est répété à Louhansk, conduisant à la proclamation de la République populaire indépendante de Louhansk. Igor Girkin a été proclamé chef des rebelles et a déclaré que tous les militaires et policiers ukrainiens devaient se soumettre ou quitter la région dans les 48 heures, faute de quoi ils seraient poursuivis comme terroristes. Selon l'Ukraine et l'Occident, les référendums ont été manipulés par la Russie.

Autour de l'élection présidentielle ukrainienne du 25 mai, qui ne s'est pas tenue dans les zones occupées par les séparatistes, les offensives de l'armée ukrainienne ont été interrompues. Cependant, après l'élection de Petro Porochenko comme nouveau président, les offensives ont repris. Les séparatistes de Donetsk se sont déclarés en guerre contre l'Ukraine après les nouvelles offensives.

Les combats se sont poursuivis et, fin juin, au moins 423 personnes avaient été tuées, selon l'ONU. Entre-temps, le nouveau président avait annoncé unilatéralement un cessez-le-feu le 8 juin, mais il n'a pas duré. Le 13 juin, Mariupol a finalement été capturée par le gouvernement ukrainien. Le 18 juin, un nouveau cessez-le-feu a été convenu, mais après l'échec des négociations, Porochenko a décidé de ne pas prolonger la trêve.

Une solution définitive étant hors de vue, l'armée ukrainienne a lancé une nouvelle offensive majeure. Le 5 juillet, les combats ont pris fin à Slovyansk et Kramatorsk, après quoi les rebelles se sont repliés sur Donetsk. L'armée a poursuivi son avancée et a également effectué des bombardements sur les camps rebelles de Donetsk.

Le 17 juillet 2014, un Boeing de Malaysia Airlines portant le numéro de vol MH17 s'est écrasé près du village de Hrabove, dans l'oblast de Donetsk. À bord se trouvaient quinze membres d'équipage et 283 passagers, dont 193 de nationalité néerlandaise. Il n'y a eu aucun survivant. On a rapidement conclu que l'avion avait dû être abattu.

Selon les analystes occidentaux, les dommages subis par certaines parties de l'avion correspondent à l'impact d'éclats d'un missile anti-aérien. En Occident, la responsabilité principale a été attribuée aux rebelles séparatistes et à la Russie, tandis que du côté russe, on a suggéré que l'armée ukrainienne était coupable d'avoir accidentellement abattu l'avion.

Il y a également eu beaucoup d'agitation autour d'un convoi russe venu apporter une aide humanitaire. Selon Moscou, la Russie ne fournit pas d'aide militaire, mais les rumeurs selon lesquelles les Russes soutiennent activement les rebelles se multiplient.

Le 25 août, une contre-offensive a été lancée par les séparatistes qui ont tenté de maintenir leurs lignes d'approvisionnement. L'armée ukrainienne est repoussée en plusieurs endroits. La nouvelle avancée des séparatistes et le rapport de force qui s'est établi par la suite ont fait que les différentes parties étaient désormais prêtes à accepter un cessez-le-feu. Le 1er septembre, les séparatistes avaient déjà rendu la consultation possible en déclarant qu'ils ne voulaient pas l'indépendance, mais un statut séparé au sein de l'Ukraine. Le 5 septembre, avec l'accord de Minsk, un cessez-le-feu a été déclaré par les différentes parties. Le cessez-le-feu a d'abord été assez bien respecté, même si des violations ont eu lieu ici et là, faisant plusieurs morts.

En janvier 2015, il a semblé pendant un moment que les parties belligérantes allaient se rapprocher grâce à de bons pourparlers. Cependant, rapidement, de nombreux incidents et affrontements ont à nouveau eu lieu entre l'armée ukrainienne et les séparatistes, de sorte que le cessez-le-feu a été à peine respecté au cours du mois de janvier et que les deux parties se sont menacées mutuellement par de nouvelles offensives. En réponse aux tensions et conflits croissants, la communauté internationale a appelé à un nouveau cessez-le-feu (Minsk II) pour renouveler le précédent.

Le 7 février 2015, le traité a été signé par les différentes parties. Au cours des mois suivants, des incidents violents ont continué à se produire, mais ils étaient sporadiques.

En juin 2015, de violents combats ont brièvement repris, notamment près des villes de Marjinka et Shirokyne, où plus de 20 personnes ont été tuées en peu de temps. Le 17 août, huit civils ont été tués en 24 heures et deux soldats ont également perdu la vie.

En août 2015, la chancelière allemande Merkel, le président français Hollande et Porochenko ont appelé à un nouveau cessez-le-feu.

Début novembre, le nombre d'incidents a néanmoins augmenté à nouveau. Le 14 novembre, il a été annoncé que cinq soldats ukrainiens avaient été tués lors de nouveaux combats au cours des dernières 24 heures[30].

Le 29 avril 2016, un haut fonctionnaire de l'ONU a signalé au Conseil de sécurité de l'ONU qu'un total de plus de 9 000 personnes avaient été tuées depuis le début du conflit. La violence dans l'est de l'Ukraine serait désormais revenue au niveau d'août 2014.

Juillet 2016, selon un porte-parole ukrainien, a été le mois le plus sanglant depuis que le cessez-le-feu a été déclaré un an et demi plus tôt. Des échanges de tirs quotidiens ont eu lieu, et du côté de l'armée ukrainienne, 41 personnes auraient été tuées entre le 27 juin et le 25 juillet. Plusieurs personnes ont également été tuées du côté des séparatistes au cours de cette période.

Le 1er septembre 2016, une nouvelle trêve est à nouveau entrée en vigueur. Les premiers jours suivants, il n'y a pas eu de décès ; le 9 septembre, le porte-parole Lysenko a signalé la mort d'un soldat ukrainien.

Le 3 février 2017, six soldats de l'armée gouvernementale ukrainienne ont été tués après une nouvelle bataille avec les rebelles, qui ont à leur tour perdu deux civils. Selon les Nations unies, le nombre de morts atteint désormais 10 000.

Le 18 février, les ministres des affaires étrangères de la Russie, de l'Ukraine, de l'Allemagne et de la France sont parvenus à un nouvel accord à Munich sur un cessez-le-feu, qui devait prendre effet deux jours plus tard.

Fin 2017, les États-Unis ont accepté de vendre des armes létales à l'Ukraine.

Début juillet 2019, le président ukrainien Volodymyr Zelensky, nouvellement élu en avril 2019, a parlé pour la première fois avec le président russe Vladimir Poutine de la guerre dans l'est de l'Ukraine. En outre, les deux auraient discuté de la libération de prisonniers et de la poursuite des discussions au niveau des experts.

En 2020, le cessez-le-feu a été raisonnablement maintenu, avec une diminution significative du nombre de tirs observés par l'OSCE. À partir de la fin de l'année 2021, les tensions dans la zone sont remontées, en partie en raison du stationnement d'un nombre croissant de soldats russes à la frontière russo-ukrainienne.

## Les partis en guerre

Le gros de la résistance pro-russe est formé par l'armée russe et les milices populaires du Donbass. Les milices comprennent les milices du Donbass et de Louhansk qui forment ensemble les Forces unies de Novorossiya, l'Armée orthodoxe russe, l'Armée du Sud-Est et le Bataillon Vostok. Les milices du Donbass et de Luhansk ont une armée de 20 000 hommes, tandis que les autres milices sont assez petites. En outre, l'Ukraine et l'OTAN, entre autres, affirment que plusieurs troupes russes soutiennent les séparatistes. Cependant, la Russie elle-même affirme qu'il n'y a pas de troupes présentes et qu'il s'agit uniquement de volontaires.

Cependant, ce n'est pas vrai selon le site ukrainien Informnapalm.

## Côté ukrainien

L'armée officielle constitue le gros des forces avec environ 280 000 hommes. En outre, les paramilitaires sont présents avec des volontaires locaux ainsi que des volontaires étrangers. Leur nombre est plus difficile à estimer.

L'Occident n'est pas partie prenante au conflit sur le plan militaire, mais des livraisons d'armes ont été envisagées par les Américains. Cependant, de nombreux pays européens, dont l'Allemagne, s'y opposent, estimant que le conflit doit être résolu diplomatiquement plutôt que militairement.

**Réactions internationales à la guerre**

L'OTAN a évoqué le conflit essentiellement sous l'angle du rôle de la Russie et a critiqué la présence éventuelle d'armes et de troupes qui ont créé une catastrophe humanitaire.

L'Union européenne a vu en l'Ukraine un nouveau partenaire commercial important et a donc soutenu le pays sur le plan économique et humain. Plusieurs sanctions ont été imposées à la Russie.

La Russie s'est considérée comme un observateur du conflit et a nié toute implication dans son déraillement. La Russie, quant à elle, a accusé à juste titre l'UE et les États-Unis d'escalade. Elle a estimé avoir le droit de protéger les minorités russes à l'étranger.

Les États-Unis, en particulier, considèrent que la Russie incite aux événements et exigent qu'elle reste en dehors du conflit.

Après un soutien diplomatique et politique important, les États-Unis ont commencé à fournir des armes lourdes à l'armée ukrainienne. Il s'agissait notamment de missiles Javalin qui ont été déplacés vers le front.

**Les effets de la guerre**

Sur le plan humanitaire, la guerre a été un désastre pour les habitants du Donbass. Environ 1,2 million de personnes ont perdu leur maison et beaucoup ont dû fuir.

Selon une estimation de l'ONU en mars 2015, au moins 6 000 personnes avaient alors été tuées dans le conflit.

Sur le plan international, la Russie et l'UE se sont brouillées et plusieurs boycotts et embargos ont suivi de part et d'autre[49]. Les tensions entre les États-Unis et la Russie se sont également intensifiées, ce qui a conduit à un creux dans leurs relations mutuelles.

# Une lettre de Poutine

**Une lettre, écrite par Poutine en juin 2021 sur le site d'information Zeit Online comme préface à la guerre en 2022.**

Il y a exactement 80 ans, le 22 juin 1941, les nazis, après avoir conquis toute l'Europe, envahissaient l'URSS. Pour le peuple soviétique, c'est le début de la Grande Guerre Patriotique, la plus sanglante de l'histoire de notre pays. Des dizaines de millions de personnes sont mortes. L'économie et la culture ont subi d'immenses dommages.

Nous sommes fiers du courage et de la fermeté des héros de l'Armée rouge et des travailleurs de chez nous qui ont non seulement défendu l'indépendance et la dignité de leur patrie, mais aussi sauvé l'Europe et le monde entier de l'asservissement.

Malgré les tentatives récentes de réécrire les chapitres du passé, la vérité est que le soldat soviétique a posé le pied sur le sol allemand non pas pour se venger des Allemands, mais pour remplir sa noble et grande mission de libération. La mémoire des héros de la lutte contre le nazisme est sacrée pour nous.

Nous nous souvenons avec gratitude des alliés de la coalition anti-Hitler, des combattants de la Résistance et des antifascistes allemands, qui ont rapproché la victoire.

Malgré les terribles expériences de la guerre mondiale, les peuples d'Europe ont réussi à surmonter l'aliénation et à retrouver le chemin de la confiance et du respect mutuels. Ils ont mis le cap sur l'intégration afin de tirer un trait sur les tragédies européennes de la première moitié du siècle dernier. Je tiens en particulier à souligner que la réconciliation historique entre notre peuple et les Allemands de l'Est et de l'Ouest de l'Allemagne aujourd'hui unifiée a joué un rôle colossal dans la formation d'une telle Europe.

Il convient également de rappeler que ce sont les entrepreneurs allemands qui ont été les pionniers de la coopération avec notre pays dans les années d'après-guerre. En 1970, une "affaire du siècle" a été conclue entre l'URSS et la République fédérale d'Allemagne avec l'accord sur l'approvisionnement à long terme de l'Europe en gaz. Cet accord a jeté les bases d'une interdépendance constructive et a ensuite rendu possibles de nombreux grands projets, tels que Nord Stream.

Nous espérions que la fin de la guerre froide serait synonyme de victoire pour toute l'Europe. Il ne restait plus beaucoup de temps, semblait-il, avant que le rêve de Charles de Gaulle d'un continent uni ne devienne réalité, et pas tant sur le plan géographique, de l'Atlantique à l'Oural, que sur le plan culturel et civilisateur, de Lisbonne à Vladivostok.

C'est précisément dans ce sens - dans la logique de la création d'une grande Europe soudée par des valeurs et des intérêts communs - que la Russie a voulu développer ses relations avec les Européens. L'Union européenne et nous-mêmes avons pu réaliser beaucoup de choses de cette manière.

Cependant, une approche différente a prévalu. L'expansion de l'Alliance de l'Atlantique Nord, elle-même une relique de la guerre froide, était à la base de cette approche. Après tout, elle a été créée pour la confrontation à l'époque.

La cause première de la méfiance mutuelle croissante en Europe réside dans l'avancée vers l'est de l'alliance militaire, qui a d'ailleurs commencé par la persuasion de facto des dirigeants soviétiques d'accepter qu'une Allemagne unie rejoigne l'OTAN. Les promesses verbales de l'époque, du type "Ceci n'est pas dirigé contre vous" ou "Les limites du bloc ne s'approcheront pas de vous", ont été trop vite oubliées. Le précédent est créé.

Depuis 1999, il y a eu cinq autres "vagues" d'expansion de l'OTAN. Quatorze autres pays ont rejoint l'alliance, y compris d'anciennes républiques soviétiques, mettant ainsi fin à tout espoir d'un continent sans lignes de démarcation.

D'ailleurs, l'un des principaux politiciens du SPD, Egon Bahr, avait lancé un avertissement à ce sujet. Au milieu des années 80, il a proposé une réorganisation radicale de l'ensemble de la structure de sécurité européenne après l'unité allemande. Avec la participation de l'URSS et des États-Unis. Mais ni en URSS, ni aux États-Unis, ni en Europe, personne n'a voulu l'écouter.

**"Nous sommes ouverts à une coopération équitable et créative".**

Qui plus est, de nombreux pays se sont vus présenter un choix artificiel - s'allier soit avec l'Occident collectif, soit avec la Russie. En fait, il s'agissait d'un ultimatum. Les conséquences de cette politique agressive sont illustrées de manière frappante par l'exemple de la tragédie ukrainienne de 2014.

L'Europe a activement soutenu le coup d'État armé anticonstitutionnel en Ukraine. Tout a commencé par là. Pourquoi était-ce nécessaire ? Le président Viktor Ianoukovitch, qui était en fonction à l'époque, avait déjà accepté toutes les demandes de l'opposition. Pourquoi les États-Unis ont-ils organisé ce coup d'État et pourquoi les États de l'UE l'ont-ils soutenu sans le vouloir, provoquant ainsi la scission de l'Ukraine et la sortie de la Crimée de l'État ukrainien ?

L'ensemble du système de sécurité européen est actuellement dans un état désolant. Les tensions augmentent, le risque d'une nouvelle course aux armements est palpable. Nous passons à côté d'énormes opportunités que la coopération nous offre.

C'est d'autant plus important aujourd'hui que nous sommes tous confrontés aux défis communs de la pandémie et de ses conséquences sociales et économiques extrêmement graves.

Pourquoi cela se produit-il ? Et surtout : Quelles conclusions devons-nous tirer ensemble ? Quelles leçons de l'histoire devons-nous retenir ? À mon avis, la chose la plus importante est que toute l'histoire d'après-guerre de la Grande Europe a prouvé la chose suivante : la prospérité et la sécurité de notre continent commun ne sont possibles que grâce aux efforts combinés de tous les pays, y compris la Russie. Car la Russie est l'un des plus grands pays européens. Et nous ressentons les liens culturels et historiques indissociables qui nous unissent à l'Europe.

Nous sommes ouverts à une coopération équitable et créative. Cela souligne également notre suggestion de créer un espace commun de coopération et de sécurité de l'Atlantique au Pacifique, qui pourrait inclure divers formats d'intégration, notamment l'Union européenne et l'Union économique eurasienne.

Je tiens à le souligner une fois de plus : La Russie prône le rétablissement d'un partenariat global avec l'Europe. Les questions d'intérêt commun sont nombreuses : sécurité et stabilité stratégique, santé et éducation, numérisation, énergie, culture, science et technologie, solutions aux problèmes climatiques et environnementaux.

Le monde évolue de manière dynamique et est
constamment confronté à de nouveaux défis et
menaces. Et nous ne pouvons pas nous permettre de
porter le poids des malentendus, des blessures, des
conflits et des erreurs du passé.

Un fardeau qui nous empêche de résoudre les
problèmes actuels. Nous sommes convaincus que nous
devons admettre et corriger toutes ces erreurs. Notre
objectif commun et incontesté est d'assurer la sécurité
du continent sans lignes de division et un espace unifié
pour une coopération égale et un développement
collectif dans l'intérêt de la prospérité de l'Europe et du
monde entier.

# Négociations avec la Russie

Rien en Ukraine ne laisse présager une fin prochaine de la guerre en Russie. Pourtant, contrairement au reste du monde, les négociateurs ukrainiens et russes semblent croire en une possible solution diplomatique. "Tout le monde attend des nouvelles", a déclaré le président ukrainien Volodimir Zelensky dans un discours prononcé lundi après le dernier cycle de négociations entre les deux pays. La nouvelle se fait encore attendre.

Les pourparlers de lundi n'auraient pas échoué ; il n'y aurait eu qu'une "pause technique", a déclaré l'envoyé de Zelenski, Mikhailo Podoljak. Le quatrième cycle de négociations commence mardi. Au début du week-end, Mikhailo Podoljak a déclaré sur Twitter que des progrès avaient été réalisés, maintenant que les "Russes ne posent plus d'ultimatums, mais écoutent sérieusement nos propositions". Il a écrit que les négociations porteraient désormais sur "la paix, un cessez-le-feu, le retrait immédiat des troupes et des garanties de sécurité".

Poutine a intérêt à négocier avec l'Ukraine car si cette invasion a montré quelque chose de clair, c'est que la puissance militaire de la Russie vacille. L'invasion a été tout sauf sans heurts pour la Russie et a déjà coûté la vie à des milliers de soldats.

L'avancée russe est devenue un désastre logistique ; Poutine peut renverser la vapeur s'il change très rapidement de stratégie ou si la "chance" doit venir rapidement à son secours. L'armée ukrainienne offre une résistance acharnée, a manifestement une meilleure connaissance du terrain et reçoit des armes de meilleure qualité et plus efficaces fournies par l'Occident. De plus, l'économie russe est en chute libre depuis que l'Occident a imposé des sanctions sévères.

## Retraite acceptable

Rien n'indique encore que la Russie soit disposée à renoncer à son invasion ou à retirer ses troupes, mais il semble que Poutine veuille au moins garder ouverte la possibilité d'un retrait "acceptable", si sa guerre devenait trop coûteuse pour lui.

Le président Zelensky bénéficie également des négociations, même si son opposition à la force d'invasion russe est couronnée de succès. La chance martiale est peut-être en train de tourner pour l'Ukraine, et il n'est certainement pas exclu que la Russie, après un début désastreux, se redresse militairement et décide de la guerre en sa faveur et, par exemple, prenne Kiev ou la rase. La force d'invasion russe, malgré ses nombreuses pertes, se rapproche de plus en plus de la capitale.

Le prix humanitaire que l'Ukraine paie dans cette guerre est déjà extrêmement élevé, car la Russie tente de raser des villes entières. Les Russes ont recours à des moyens de plus en plus lourds à mesure que la guerre se poursuit. Rien que dans la ville portuaire de Marioepol, dans le sud du pays, on estime que plus de 2 500 civils sont morts. Lundi, plusieurs tentatives d'évacuation ont échoué dans la ville ; quelque 160 civils ont tout de même réussi à fuir la zone en voiture. La ville ukrainienne de Kharkov est constamment sous le feu des Russes, a déclaré lundi le maire de la ville. Et la bataille pour Kiev n'a pas encore commencé. De plus, les plaidoyers de Zelensky en faveur d'une zone d'exclusion aérienne ne sont pas entendus à l'Ouest.

L'approvisionnement alimentaire mondial en danger
En outre, l'économie ukrainienne souffre encore plus de l'invasion russe que l'économie russe ne souffre des sanctions occidentales. Selon le FMI, l'économie ukrainienne risque de se contracter de 35 % et l'approvisionnement alimentaire mondial (y compris celui de l'Ukraine) est menacé si la guerre ne prend pas fin rapidement.

Il est possible que Poutine espère que Zelensky renoncera à la Crimée et aux républiques autoproclamées de l'est de l'Ukraine lors des négociations, ce qui lui permettrait de vendre la guerre aux Russes comme une victoire - Zelensky a indirectement évoqué cette possibilité la semaine dernière.

Mais une véritable percée semble peu probable tant que Zelensky et Poutine ne se parleront pas directement, ce que Zelensky demande instamment depuis un certain temps. Lundi, le Kremlin a fait savoir que la demande ukrainienne en ce sens n'avait pas encore été reçue. Si l'on en vient à une rencontre, elle aura probablement lieu soit en Israël, soit en Turquie.

# Sanctions !

**"Les États-Unis ont déclaré la guerre à la Russie sur le plan économique et ils mènent cette guerre", a déclaré mercredi le porte-parole du Kremlin, Dmitri Peskov. Moscou dit réfléchir sérieusement à ce qu'il convient de faire après que le président américain Joe Biden a décidé mardi d'interdire les importations de combustibles fossiles tels que le pétrole et le gaz en provenance de Russie. Auparavant, le pays a imposé des sanctions à l'encontre de banques, de dirigeants et de la banque centrale russes.**

Selon M. Peskov, la Russie est et restera un fournisseur d'énergie fiable et continuera à alimenter les flux énergétiques. "Mais vous voyez les bacchanales, les bacchanales hostiles, que l'Occident a semées. Et cela, bien sûr, rend la situation très difficile et nous oblige à réfléchir sérieusement", a déclaré le porte-parole.

Les États-Unis et l'Union européenne ont déjà pris des sanctions économiques sévères en raison de l'invasion de l'Ukraine par la Russie. M. Peskov a annoncé samedi que les pays occidentaux qui ont imposé de telles mesures à la Russie sont coupables de "banditisme économique", selon le gouvernement russe.

**Notre propre économie sera également touchée !**

Mais la guerre a également de graves conséquences pour notre propre économie. Certains économistes préviennent même que nous pourrions nous retrouver en récession aux États-Unis et en Europe. J'ai bien peur que ce soit possible", disent les principaux économistes. Nous avions déjà une inflation élevée et inconfortable qui érodait le pouvoir d'achat, et la situation s'aggrave avec la hausse des prix du pétrole et du gaz. Les exportations vers la Russie sont également pratiquement au point mort. Et il ne nous reste plus qu'à espérer que Poutine ne ferme pas complètement le robinet du gaz en Europe".

**La Russie peut-elle gérer cette guerre ?**

La Russie est le plus grand pays du monde en termes de territoire, mais en termes d'économie, c'est un petit pays, relativement parlant. L'année dernière, l'économie russe s'élevait à environ 1033 milliards d'euros. C'est en fait à peine plus que, disons, les Pays-Bas, un pays d'Europe (850 milliards d'euros), mais plus petit que, disons, l'Espagne (1200 milliards) et plus de trois fois plus petit que l'Allemagne (3500 milliards).

"L'économie russe fonctionne grâce à l'exportation de matières premières, non seulement le pétrole et le gaz, mais aussi les métaux, les céréales et bien d'autres choses encore." En 2021, le pétrole et le gaz ont représenté plus de la moitié (55%) des exportations, et près de la moitié (45%) des revenus de l'État. "L'énergie est une part importante de ces exportations ; la Russie est l'un des plus grands producteurs de gaz et de pétrole au monde."

Il est peu probable que les exportations de gaz et de pétrole de la Russie vers l'Occident s'arrêtent. "Par le passé également, par exemple lors de l'annexion de la Crimée, on n'a jamais touché aux approvisionnements énergétiques physiques. On reste toujours très loin de cela."

Mais si on en arrivait là, l'Europe et la Russie seraient toutes deux touchées. "Parce que nous, en Europe, avons besoin de ce gaz et la Russie dépend de nos paiements."

L'économie des matières premières, en particulier la production de pétrole et de gaz, a beaucoup rapporté à la Russie ces dernières années, grâce à la hausse des prix. En conséquence, le pays dispose d'énormes tampons financiers. Les réserves de devises et d'or ont été portées à 630 milliards de dollars et le fonds souverain détient 174 milliards de dollars.

**Une interdiction de Swift**

Une sanction sévère qui pèse sur la tête de la Russie est la déconnexion des paiements internationaux par la déconnexion des banques russes de Swift. Les banques du monde entier utilisent Swift pour les transactions financières internationales, et la déconnexion d'un pays rend les paiements et les transferts pratiquement impossibles. Sans Swift, même retirer de l'argent d'un compte bancaire russe pourrait devenir problématique pour les Russes ordinaires à l'intérieur et à l'extérieur de la Russie.

L'UE s'abstient pour l'instant d'imposer la sanction Swift, a-t-on annoncé ce soir à Bruxelles. Certains pays de l'UE, comme l'Italie et l'Autriche, craignent les répercussions sur leur propre économie en raison des intérêts et des investissements importants des banques en Russie. Ces craintes ont été illustrées aujourd'hui par l'effondrement du cours des actions de nombreuses grandes banques européennes. Et il est également trop tôt pour utiliser l'arme des sanctions lourdes, Swift, au premier jour de l'invasion, ont raisonné les États membres de l'UE.

Le Royaume-Uni, par l'intermédiaire du Premier ministre Boris Johnson, a annoncé ce soir d'autres sanctions de son côté, notamment le gel des avoirs des plus grandes banques russes au Royaume-Uni et leur exclusion du système financier britannique. La fermeture de Swift reste une sanction possible, selon Boris Johnson.

Les États-Unis sont un fervent partisan de la sanction Swift, notamment parce que leurs propres intérêts financiers et économiques en Russie sont faibles, mais ils attendent aussi de pouvoir le faire. Toutefois, les mesures punitives ont été étendues à davantage de banques et d'individus russes.

A la demande de la Banque centrale européenne (BCE), les banques européennes ont indiqué la taille de leurs participations en Russie, et donc ce qui est en jeu et potentiellement perdu. ING estime ce risque à environ 4,9 milliards d'euros, Rabobank pense à quelques dizaines de millions. Seule ABN Amro affirme qu'il n'y a rien à perdre.

Selon les derniers chiffres de la BRI, la Banque des règlements internationaux, les banques néerlandaises ont un encours de 1,5 milliard de dollars auprès des résidents russes. Pour les banques allemandes et françaises, les créances sont nettement plus élevées, respectivement 7,4 et 8,7 milliards de dollars. Les banques britanniques présentent le risque le plus élevé, soit 13,6 milliards de dollars, tandis que les banques américaines sont les moins exposées, avec seulement 366 millions de dollars. De ce point de vue, les restrictions financières de la Russie ne coûtent pas grand-chose aux États-Unis.

**Relations économiques entre la Russie et la Chine**

Contourner le verrouillage financier est difficile, mais pas impossible. Les banques sont supervisées par les banques centrales et, via Swift, tous les mouvements peuvent être suivis, et les États-Unis en particulier tiennent à un verrouillage financier strict. En faisant quand même secrètement des affaires avec la Russie, les banques risquent des amendes et des sanctions de la part des États-Unis.

La Russie et la Chine travaillent sur leur propre système alternatif Swift depuis 2015, les Russes par précaution depuis l'invasion de la Crimée et les Chinois en vue de sanctions financières pour les escarmouches autour de Taïwan. Le système russe SPFS gère désormais 20 % des paiements nationaux. Le réseau est désormais limité à des pays comme la Biélorussie, le Kazakhstan, la Turquie et l'Iran, ainsi qu'à quelques dizaines de banques, dont des banques allemandes et suisses. Au total, il est encore tout à fait insuffisant pour remplacer Swift.

La Russie et la Chine étudient la possibilité de connecter les deux systèmes, de sorte qu'en cas de sanctions internationales, les deux pays puissent continuer à commercer entre eux, hors de la vue des États-Unis. Les sanctions contre la Russie en cas d'invasion de l'Ukraine pourraient même accélérer la coopération entre Russes et Chinois.

**L'UE exclut 7 banques russes du système de paiement Swift.**

Le Conseil a imposé de nouvelles mesures restrictives en réponse à l'agression militaire non provoquée et injustifiée de la Fédération de Russie contre l'Ukraine.

**En particulier, le Conseil a interdit ce qui suit :**

la fourniture de services de messagerie financière spécialisés utilisés pour l'échange de données financières (Swift), à la Bank Otkritie, Novikombank, Promsvyazbank, Rossiya Bank, Sovcombank, VNESHECONOMBANK (VEB) et la VTB BANK.

Cette interdiction entrera en vigueur le dixième jour suivant sa publication au Journal officiel de l'UE et s'appliquera également aux personnes morales, entités ou organismes établis en Russie dont les droits de propriété sont détenus à plus de 50 %, directement ou indirectement, par les banques susmentionnées qui investissent dans des projets cofinancés par le Fonds russe d'investissement direct, y participent ou y contribuent d'une autre manière, pour vendre, fournir, transférer ou exporter des billets de banque en euros vers ou en Russie ou à toute personne physique ou morale, entité ou organisme en Russie, y compris le gouvernement et la Banque centrale de Russie, ou pour être utilisés en Russie.

Ces décisions complètent le train de mesures annoncé par la Haute Représentante le 27 février à la suite de la vidéoconférence des ministres des affaires étrangères de l'UE. Parmi les autres mesures figurent la fourniture d'équipements et de matériel aux forces armées ukrainiennes par le biais de la Facilité européenne pour la paix, l'interdiction d'accès à l'espace aérien et aux aéroports de l'UE pour tous les types de compagnies aériennes russes, l'interdiction des transactions avec la Banque centrale russe et l'interdiction de diffusion dans l'UE pour les médias d'État russes Russia Today et Sputnik.

L'Union européenne condamne dans les termes les plus
forts l'agression militaire non provoquée et injustifiée
de la Fédération de Russie contre l'Ukraine, et exige que
la Russie cesse immédiatement ses actions militaires,
retire toutes les forces armées et tous les équipements
militaires de l'ensemble du territoire de l'Ukraine et
respecte pleinement l'intégrité territoriale, la
souveraineté et l'indépendance de l'Ukraine à l'intérieur
de ses frontières internationalement reconnues.

**Les sanctions font-elles mal à Poutine ?**

L'UE a gelé les avoirs qu'ils ont planqués en Europe. "Il
est logique que l'on ne se contente pas de regarder
l'entourage, mais que l'on s'intéresse aussi aux
architectes du bain de sang".

Non seulement l'Union européenne impose des
sanctions à la Russie et à Poutine, mais le
gouvernement américain fait de même. Le président
Biden a notamment annoncé que les grandes banques
russes n'auraient plus accès à leurs actifs aux États-Unis.

M. Biden estime que les personnes qui bénéficient
personnellement des politiques russes devraient
également ressentir la douleur de ces sanctions. C'est
en partie pour cette raison que les États-Unis ont inscrit
les Russes de haut rang et les membres de leur famille
sur une liste de sanctions.

Mais frapper le président russe lui-même au portefeuille, c'est beaucoup plus délicat. La richesse exacte de Vladimir Poutine n'est pas du tout claire. En dépit, ou peut-être grâce, au fait qu'il est au pouvoir depuis vingt ans, il est pratiquement impossible de savoir quels biens et quels comptes bancaires remplis lui appartiennent.

**Pas de compte bancaire à l'étranger**

Selon les données publiées chaque année par le Kremlin, Poutine a gagné environ 140 000 dollars (124 000 euros) en tant que président de la Russie en 2020. Les seules possessions qu'il énumère sont trois voitures, une remorque, un appartement de 75 m2 et un garage. Poutine fait également usage d'un autre appartement à Moscou, d'environ 150 m2, et de deux places de parking.

En outre, il est interdit aux hommes d'État russes d'avoir des comptes bancaires à l'étranger, a déclaré précédemment un porte-parole du Kremlin à l'agence de presse Reuters. Quelle est la probabilité que ce compte soit le seul actif de M. Poutine et que, en partie à cause de cela, il soit très difficile d'imposer des sanctions financières à sa personne ?

Il est possible, écrit le magazine économique Forbes, que l'absence de preuves de la richesse de Poutine signifie en réalité qu'il n'a pas beaucoup d'argent et qu'il aimerait seulement que le monde entier croie le contraire. Il n'a pas non plus besoin de cet argent, écrivait un chroniqueur de l'agence de presse Bloomberg en 2013 ; après tout, il a sous sa coupe un pays entier qui est à sa disposition.

Il existe deux autres théories sur la richesse présumée de Poutine que Forbes juge plus probables. Pour la première, il faut remonter à 2003 et à l'arrestation du magnat du pétrole Mikhail Khodorovsky. Jusqu'à sa condamnation pour, entre autres, fraude et évasion fiscale, il était l'homme le plus riche de Russie et un critique ouvert de Poutine.Chodorovsky devait sa richesse à sa compagnie pétrolière Yukos, qui a été dépecée après sa condamnation. S'adressant à Forbes, le financier américain et critique de la Russie Bill Browder affirme qu'après l'arrestation de Khodorovsky, Poutine a conclu un accord avec d'autres riches magnats du pétrole.

**Poutine gouverne la Russie comme la mafia.**

"Donnez-moi la moitié de votre richesse, et vous pouvez garder l'autre moitié", selon Browder, était la tactique du président. "Sinon, Poutine prenait 100 % et vous jetait en prison." Sur la base de cet accord, Poutine aurait été bon pour 200 milliards de dollars à l'époque, faisant de lui l'homme le plus riche du monde.

Un autre scénario de Forbes est celui du "modèle mafieux". Poutine attribuerait à sa famille, à ses amis et à d'autres personnes proches de lui de gros contrats et

les placerait à la tête de grandes entreprises. En
échange, il recevrait de l'argent, des actions et d'autres
avantages. Selon l'économiste suédois Ander Aslund, les
actifs de Poutine vaudraient entre 100 et 130 milliards
de dollars selon ce scénario.

# Comment la guerre va-t-elle évoluer ?

Au petit matin du jeudi 24 février, la Russie est officiellement entrée en Ukraine après de nombreuses spéculations et menaces verbales. Laurien Crump, professeur associé et chercheur en histoire des relations internationales, lien externe, a été l'invité de plusieurs émissions pour interpréter cet événement historique.

Ainsi, comme nous l'avons expliqué dans les chapitres précédents, les racines de ce conflit se trouvent dans les 11 mois qui ont suivi la chute du mur de Berlin en 1989. "Gorbatchev, alors dirigeant de l'Union soviétique, avait de grands projets pour une maison européenne commune et un retour de la Russie en Europe". Il espérait notamment que la Conférence sur la sécurité et la coopération en Europe (CSCE), devenue l'Organisation pour la sécurité et la coopération en Europe (OSCE), y contribuerait. Mais, comme la guerre du Golfe se déroulait également au cours de ces années, l'accent a été mis de plus en plus sur l'OTAN et la Communauté européenne de l'époque, et sur la manière de les étendre vers l'est. Il est donc apparu très tôt qu'il n'y avait pas de place pour la Russie en Europe.

**Le point de vue russe**

"Nous devons également comprendre qu'il est extrêmement menaçant pour la Russie d'avoir une alliance militaire aussi importante et armée jusqu'aux dents si près de la frontière russe [en cas d'élargissement de l'OTAN, ndlr]." La rhétorique de l'Occident avant l'invasion n'a pas aidé non plus : le fait que l'Occident ne cesse de crier haut et fort que la Russie allait envahir l'Ukraine est, selon Crump, "une flamme supplémentaire dans la poêle." Et la Russie n'est pas la seule à diffuser de la propagande. Depuis des semaines, les Occidentaux parlaient d'une vidéo russe qui mettait en scène une attaque de l'Ukraine. "Pendant ce temps, il n'y a pas la moindre preuve que cette vidéo existe. Vous voyez aussi du côté occidental une sorte de rhétorique de guerre, ce qui conduit à un cercle vicieux."

## Discours de Poutine en février 2022

Le lundi 21 février, Poutine a prononcé le discours annonçant le raid. "En fait, j'ai trouvé cela terrifiant", dit Crump. "Jusqu'à récemment, je pensais qu'il pouvait encore y avoir une porte de sortie diplomatique ; maintenant, cela semble dépassé. Poutine donne l'impression d'être détaché de la réalité." Jusqu'à présent, elle pouvait encore situer les exigences russes dans un contexte historique, dit-elle, mais dans son discours de cinq quarts d'heure, Poutine renvoie à l'Empire russe, ou plutôt à l'Empire de Kiev, auquel l'Ukraine appartenait, niant ainsi le droit de l'Ukraine à exister en tant qu'État souverain.

Crump souligne également le moment choisi pour le discours. Le 20 février, les Jeux olympiques se sont terminés, représentant une période de paix. "Jusque-là, il y avait des possibilités de négociations diplomatiques et Poutine pouvait se retirer sans perdre la face". La période de diplomatie semble désormais quasiment terminée.

## Trois scénarios

Crump a exposé trois scénarios pour l'avancement du conflit, dont les deux premiers se sont déjà réalisés. Le premier scénario était la reconnaissance de Donetsk et de Lougansk comme régions indépendantes, permettant à Poutine d'envoyer des forces militaires dans ces zones. Dans le deuxième scénario, Poutine avait des vues sur l'ensemble de la région de Donbas, une zone dans l'est de l'Ukraine qui est trois fois plus grande que Donetsk et Lougansk. Le troisième scénario est que Poutine veut prendre toute l'Ukraine. "Il a beaucoup de troupes stationnées en Biélorussie, une flotte dans la mer d'Azov et il est déjà en Crimée, donc l'Ukraine est déjà assez encerclée. Cela me semblait assez improbable avant, mais après le discours, c'est maintenant moins farfelu."

## Réactions de l'Ouest

Après le discours de Poutine et la reconnaissance des deux "républiques", il a annoncé une "mission de paix" russe dans ces régions. Le Premier ministre britannique, M. Johnson, parle maintenant d'une invasion, tandis que l'Union européenne se garde bien de le faire. Le désaccord porte également sur d'éventuelles sanctions. "Au sein de l'Union européenne, on constate que les anciennes républiques soviétiques souhaitent une escalade immédiate, tandis que les autres États membres souhaitent une intervention progressive", explique M. Crump.

Quelles que soient les sanctions que l'Occident va maintenant imposer, la Russie a pris en compte toutes les possibilités à l'avance. Par exemple, le ministre russe des affaires étrangères a déclaré précédemment que la Russie était désormais habituée à son isolement et aux sanctions de l'UE. Il est donc très important de ne pas abandonner complètement la diplomatie, déclare M. Crump. "Ce que je trouve dangereux maintenant, c'est que déclarer que les accords de Minsk sont passés, ce que Poutine a fait aujourd'hui, est en fait une déclaration de guerre implicite." Cela signifie qu'une solution diplomatique devient énormément difficile. "Si les canaux diplomatiques se ferment et que la Russie est complètement isolée, il y aura une nouvelle escalade et nous irons de toute façon vers le troisième scénario, je le crains."

## Sanctions

Dans la nuit du 23 au 24 février, vers 4 heures du matin, les premiers rapports sur l'incursion russe en Ukraine sortent. L'Union européenne, les États-Unis et d'autres pays annoncent des sanctions plus sévères. Le Premier ministre britannique Boris Johnson, entre autres, est favorable à une coupure totale de la Russie du système international Swift. Cela exclurait le pays de la finance internationale. Mme Crump pense elle aussi que ce serait une sanction appropriée, dit-elle. "Il y a beaucoup d'hésitation à ce sujet maintenant, parce que cela nous affecte aussi. Mais je me dis : si ce n'est pas le bon moment, quand le sera-t-il ? C'est maintenant qu'il faut y mettre un terme".

"C'est la sanction ultime, et il me semble qu'il ne faut pas l'attendre trop longtemps". Même si elle ne la considère pas comme une solution. "Le mot "solution" n'est plus approprié ; je ne vois pas comment on peut résoudre ce problème", déclare Mme Crump. "D'autres mesures sont possibles, mais elles aussi seront contre-productives." À titre d'exemple, elle cite l'isolement de la Russie dans la diplomatie internationale.

Mme Crump revient sur la sanction Swift, qui a été bloquée par certains pays européens. Le paquet de sanctions qui est maintenant en place est ferme, dit-elle, "mais par rapport à ce qui se passe actuellement en Ukraine et à un gouvernement et un président russes qui veulent en fait renverser tout l'ordre mondial de l'après-guerre froide, je ne pense pas qu'il soit assez ferme."

**Tampon contre l'OTAN**

M. Crump souligne également que de nombreux Russes n'aiment pas non plus la guerre. "Vous pouvez voir que

Poutine a énormément abusé de son pouvoir sur le plan de la politique intérieure. Beaucoup de Russes ne soutiennent pas [la guerre], et aussi des Russes poutiniens demandent maintenant qu'elle s'arrête." Selon elle, la menace de l'OTAN reste le plus gros problème. "Je pense que Poutine est vraiment préoccupé par l'Ukraine. Je ne pense pas qu'il veuille annexer les pays baltes, la Pologne ou d'autres États membres de l'OTAN, mais il veut avoir un tampon là-bas."

Poutine ne pense qu'au président Zelensky, pense-t-elle, et en particulier à la démocratisation qu'il défend. "Je pense que l'espoir de Poutine est d'installer une sorte de gouvernement fantoche qui, à un moment donné, avec l'aide des Russes, mais pas avec 190 000 soldats russes, pourra rester à flot, comme cela s'est produit dans de nombreux autres pays de la région."

**Cent mille réfugiés ukrainiens**

L'OTAN s'est réunie pour la première fois le 25 février, et a décidé d'envoyer des troupes en Europe de l'Est. "L'OTAN peut difficilement envoyer des troupes en Ukraine même", déclare M. Crump sur News and Co (25 février), "sinon vous êtes bientôt dans une troisième guerre mondiale, qu'il faut empêcher, bien sûr, donc des troupes sont envoyées pour s'assurer que les Russes n'avancent pas plus à l'ouest et que les frontières de l'OTAN, qui passent près des pays baltes, que celles-ci soient renforcées."

Entre-temps, des milliers d'Ukrainiens ont fui le pays. Actuellement, on estime qu'environ cent mille d'entre eux sont des réfugiés, mais ce chiffre pourrait passer à quatre ou cinq millions. M. Crump pense que la plupart d'entre eux se dirigent vers la Pologne et d'autres pays voisins, où, contrairement aux autres réfugiés, ils semblent bienvenus. La "région" que nous associons normalement à la Syrie ou à l'Afghanistan, quelque chose de très éloigné, mais "la région" est maintenant l'Europe. Et il y a une grande communauté polonaise en Ukraine, donc c'est vraiment considéré comme un peuple frère, donc les Polonais ont une vision très différente de ça."

**Négociations entre l'Ukraine et la Russie**

Le 28 février, les premières négociations auront lieu entre l'Ukraine et la Russie. Selon M. Crump, les chances que les deux pays parviennent à un accord sont extrêmement faibles. "Tout d'abord, elles se déroulent à la frontière avec la Biélorussie, ce que Zelensky ne voulait pas en premier lieu, car la Biélorussie soutient en fait l'invasion", explique-t-elle. Deuxièmement, Poutine a déjà dit la nuit dernière qu'il allait mettre les armes nucléaires en état de préparation, alors vous négociez avec un très gros couteau sur la table."

Cette journée est également considérée comme cruciale pour les villes de Kiev et de Kharkiv. "Il y a une avancée régulière des Russes, d'un autre côté la résistance est beaucoup plus importante que ce que les Russes avaient estimé, des erreurs tactiques sont commises du côté russe, l'aéroport près de Kiev n'est pas encore aux mains des Russes et c'est crucial. Ce n'est donc pas encore une affaire réglée", a déclaré M. Crump.

**Les armes nucléaires russes en position**

Un jour plus tôt, Poutine a menacé d'utiliser des armes nucléaires. "L'avancée en Ukraine n'est pas aussi rapide qu'il l'avait espéré. Je pense qu'il avait espéré prendre Kiev il y a longtemps, donc vous voyez un peu un chat acculé qui fait des bonds étranges ici", dit Crump. "Et c'est lié à une doctrine russe, la doctrine Gerasimov, qui considère les armes nucléaires comme une étape logique dans la poursuite de l'escalade d'un conflit militaire."

Quant à savoir si Poutine va effectivement déployer les armes nucléaires, Crump n'ose pas le dire. "Je ne pense pas que l'on puisse exclure quoi que ce soit à ce stade. L'Occident essaie d'être très prudent à ce sujet, en soutenant l'Ukraine de toutes sortes de façons, avec des armes, de l'aide humanitaire, des sanctions et ainsi de suite, mais sans y envoyer de troupes militaires. Donc si cela dépend de l'Occident, cela ne veut pas dire que c'est le cas. D'autre part, du côté russe, on voit apparaître un président imprévisible, qui donne son propre sens à tout. Et quelle tournure il va donner à tout cela, c'est totalement incertain pour l'instant."

## Une communauté internationale unifiée

Mme Crump répond à la question de savoir comment l'Occident doit réagir à ces menaces. "Ce que vous voyez, c'est que l'Occident est beaucoup moins divisé que Poutine ne l'avait espéré", répond-elle. "Même l'Union européenne est extraordinairement unie. Même un ancien allié de Poutine, le Premier ministre hongrois Orbán, a soutenu les sanctions de l'UE." Elle mentionne également la Corée du Sud, le Japon et Singapour, qui imposent également des sanctions. "Même la position de la Chine est remarquable", a déclaré Mme Crump. La Chine n'a pas condamné l'invasion, mais s'est abstenue au Conseil de sécurité des Nations unies lorsqu'elle a voté pour condamner l'ONU.

Peu après, la Chine s'est proposée comme "médiateur neutre". "La Chine est très divisée", explique M. Crump. "Ils ne veulent pas se prononcer contre l'invasion, mais d'un autre côté, ils sont maintenant seuls dans ce domaine et les Chinois sont toujours très favorables à la souveraineté et à la non-intervention."

La Chine a également des liens avec l'Ukraine ; elle est le premier partenaire commercial de l'Ukraine. Selon M. Crump, il y a une réelle chance que le pays assume donc ce rôle de médiateur.

Cour internationale de justice et Cour pénale internationale

De plus en plus de voix s'élèvent pour que Poutine soit également condamné par la Cour internationale de justice. "La Lituanie a également ajouté sa pierre à l'édifice en faisant appel à la Cour pénale internationale", explique M. Crump. Poutine pourrait alors être classé comme criminel de guerre et rejoindre une liste notoire d'autres dictateurs.

Mais même cela ne risque pas de faire changer d'avis Poutine. "Il ne reconnaît pas tous ces tribunaux, mais cela ajoute à son statut de paria. Et cela pourrait contribuer à la poursuite de l'érosion de son soutien, non seulement en Russie mais peut-être aussi dans son propre entourage."

**Un soutien qui s'effrite**

De toute façon, ce soutien est déjà en train de s'évaporer, selon M. Crump. "Vous pouvez voir sur un certain nombre de fronts que le soutien s'évapore très rapidement". Elle cite les Russes qui ont peut-être voté pour Poutine mais qui se retournent maintenant contre lui. Mais aussi de plus en plus d'oligarques, qui auparavant naviguaient à droite du régime de Poutine, considèrent la guerre comme une cause perdue. Surtout maintenant qu'elle coûtera beaucoup d'argent à cause des sanctions.

"Et il y a des rumeurs, mais bien sûr c'est beaucoup plus difficile à vérifier, qu'il y a aussi des gens dans le propre entourage de Poutine qui pensent qu'il va maintenant beaucoup trop loin." Elle pointe du doigt les images télévisées de conversations gênantes avec des personnes du conseil de sécurité, qui, selon elle, ne donnent pas tout à fait la réponse que Poutine avait préparée avec elles.

**L'effet des sanctions**

Le 2 mars, M. Crump nous dit que les sanctions économiques ne dissuaderont pas Poutine à court terme. Elles garantissent toutefois que la pression sera exercée sur lui depuis la base. "En tant que pays, la Russie peut rester à flot financièrement je pense, mais le peuple russe le ressent déjà dans ses poches. Ils ne peuvent pas retirer de l'argent ou transférer de l'argent à l'étranger ou recevoir de l'argent de l'étranger. Ils ne sont plus autorisés à prendre beaucoup d'argent à l'étranger, donc les protestations se développent à une échelle sans précédent en Russie également."

Poutine est en train de créer un ennemi au sein de la population, affirme M. Crump. "Supposons que Poutine prenne l'Ukraine - il bombarde déjà toutes ces villes - alors il aura bientôt un pays dans lequel il devra établir un gouvernement fantoche pour mettre en œuvre un changement de régime.

Mais un tel gouvernement fantoche aura beaucoup de mal à faire face à un peuple qui a résisté si vigoureusement, et qui continuera à le faire. Vous pouvez gagner militairement, mais si vous ne gagnez

pas les cœurs et les esprits, vous ne pouvez pas
gouverner ce pays", a déclaré M. Crump.

## Approvisionnement en énergie

Le président Biden a annoncé que l'Amérique cessera
immédiatement d'importer du gaz et du pétrole russes.
M. Crump explique les implications de ces nouvelles
sanctions, pour la Russie et l'Europe. "Tant que cela
reste avec l'Amérique, ce n'est pas un coup dur pour la
Russie. Ce ne sera un coup vraiment dur que si l'Union
européenne soutient également cette mesure." En
réponse à cette démarche des Américains, la Russie a
menacé de fermer le robinet de gaz de Nord Stream 1,
le gazoduc par lequel transite le gaz de la Russie vers
toute l'Europe.

"Cette menace est efficace du point de vue russe car
elle permet à Poutine de semer la discorde. C'est un
point de rupture car cela a des répercussions énormes
pour l'Europe et les pays de l'UE, mais pas pour les
États-Unis."

L'Amérique, cependant, est bien consciente de la
tactique de Poutine : "Vous pouvez voir que Biden, dans
son discours, essaie déjà d'anticiper rhétoriquement
cette menace en disant qu'il ne s'attend pas à ce que
l'UE le suive", explique M. Crump.

En Europe, l'approvisionnement en gaz est actuellement
encore suffisant pour tenir jusqu'à la fin de l'hiver, et

des plans sont en cours, comme dans d'autres pays, pour réduire la dépendance à l'égard de la Russie.

Négociations diplomatiques en cours
Pendant ce temps, l'Ukraine et la Russie restent en pourparlers. Selon Mme Crump, cela indique que les deux pays sont toujours intéressés par une issue diplomatique. Elle explique également que cette issue implique un "exercice d'équilibre très compliqué".

"Le conflit semble être dans l'impasse sur les deux fronts, tant militaire que diplomatique", dit-elle. "Ce n'est pas une coïncidence. Les deux parties espèrent remporter quelques victoires supplémentaires sur le plan militaire, puis les utiliser pour forcer des concessions au niveau diplomatique."

Il y a tout de même de l'espoir. M. Crump souligne que les exigences de l'Ukraine et de la Russie ont légèrement évolué. "Ce que le président russe Poutine disait au début à propos de ce grand empire russe qu'il envisageait et son idée d'un changement rapide de régime en Ukraine, ces choses semblent maintenant un peu plus éloignées. D'autre part, le président ukrainien Zelensky a déclaré qu'il était également négociable de retirer de la table l'idée d'une éventuelle adhésion de son pays à l'OTAN et de considérer éventuellement l'Ukraine comme un pays neutre avec des garanties de sécurité." De même, Poutine n'insiste plus sur le remplacement du régime ukrainien, indique M. Crump.

En outre, des sous-groupes travaillent sur les définitions.

"Cela suppose que certains sujets soient déjà négociés de manière un peu plus concrète, qu'un texte soit également en cours d'élaboration." Même s'il y a de fortes chances qu'il s'agisse encore d'un cessez-le-feu temporaire et de corridors humanitaires.

L'absence de cessez-le-feu, cependant, est un signe moins encourageant. "Si vous négociez vraiment sérieusement, il y a au minimum un cessez-le-feu pour donner l'occasion de réfléchir pendant un certain temps et nous n'avons pas vu cela jusqu'à présent", a déclaré Mme Crump à VTR News. Elle avertit également qu'il est possible que la Russie utilise les négociations comme un outil de propagande. Le fait que le ministre russe des affaires étrangères ait déclaré à Antalya qu'il n'était pas mandaté pour parler de corridors humanitaires en est une indication.

Selon M. Crump, "cela suggère, premièrement, que Poutine garde fermement le contrôle sur ce front, et, deuxièmement, que la négociation est davantage un coup de propagande de la part des Russes. Qui peut dire 'Nous sommes en mission de paix et nous essayons de faire la paix', plutôt que de dire qu'un accord de paix est vraiment recherché sérieusement."

**Et si Poutine perd la guerre ? Et s'il gagne ? Ce sont huit scénarios de ce qui pourrait potentiellement arriver...**

La guerre en Ukraine La bataille en Ukraine se déroule plus difficilement que prévu par Moscou. Pourtant, Poutine peut encore gagner la guerre. Mais que se passera-t-il ensuite ? Pour Poutine, l'avenir ne semble pas brillant dans presque tous les scénarios.

Pour les États-Unis, c'est une certitude : Le plan de Vladimir Poutine était de prendre Kiev en quelques jours et d'évincer le président ukrainien Zelensky.

Cela ne s'est pas passé comme ça. Plus de deux semaines après le début de l'invasion, les chars russes sont sur le Dniepr, mais une victoire russe sur le champ de bataille est loin d'être certaine.

L'"opération militaire spéciale" de Poutine s'étant enlisée dans un chaos sanglant, les analystes sont préoccupés par une question : comment cela va-t-il se terminer ?

Personne ne peut prédire l'avenir. Mais il est possible d'élaborer des scénarios, non pas comme une prévision, mais comme une première aide pour réfléchir à la guerre de Poutine. Le résultat réel contiendra probablement des éléments de différents scénarios.

Dans le même temps, cependant, il est également clair que, dans la plupart des scénarios, Poutine n'obtiendra pas ce qu'il voulait.

## SCÉNARIO 1

### Poutine perd la bataille, perd son trône

La campagne militaire s'enlise complètement, avec des pertes russes toujours plus importantes.

Pour reconstituer les unités décimées, Poutine est obligé d'utiliser des conscrits. Cependant, la résistance des Ukrainiens ne peut être brisée. Dans une guerre, le moral pèse trois fois plus que le matériel, lit-on dans l'un des nombreux clichés sur les conflits armés.

Après seulement deux semaines, la télévision d'État russe commence à poser des questions difficiles à haute voix. Avec la mort des premiers conscrits russes, l'opinion en Russie se retourne rapidement contre le Kremlin - la propagande d'État perd le pas face aux mères russes en deuil sur la Place Rouge.

Poutine est contraint de se retirer derrière la frontière russo-ukrainienne. Dans le scénario le moins désastreux pour lui, il obtient de conserver un ou plusieurs des trois territoires ukrainiens qu'il contrôlait avant même l'invasion - Donetsk, Louhansk, Crimée. Un lot de consolation pour limiter la perte de la face.

Une défaite pourrait également s'avérer plus désastreuse pour lui : Poutine perd la Russie. Une coalition anti-Poutine composée d'oligarques frustrés, de paladins furieux et d'officiers supérieurs déçus émergerait pour renverser le régime. Face à ce scénario, Poutine a décimé l'opposition politique et les médias critiques ces dernières années. Dans ce scénario également, la guerre a désorganisé un pays et coûté des milliers de vies.

## SCÉNARIO 2

**Poutine gagne la guerre, mais perd la paix**

Les analystes militaires occidentaux ont raison : La Russie est trop forte à la fin. Après un début hésitant au cours des deux premières semaines de l'offensive, Poutine met le gouvernement Zelensky à genoux, éventuellement par un siège prolongé des villes. Pour briser la dernière volonté de se battre, l'armée russe peut déployer une autre arme nucléaire tactique, tuant des milliers de personnes d'un coup.

La Russie prend le pouvoir à Kiev. Le président ukrainien Zelensky ne peut justifier davantage de mort et de destruction dans son pays et se réfugie à l'étranger. Les forces armées ukrainiennes déposent les armes. Poutine installe un régime dirigé par l'ex-président Viktor Ianoukovitch, qui a fui en 2014.

Les médias d'État russes crient victoire : La mission de
Poutine est terminée, la Russie historique est à nouveau
une. Lentement, d'ailleurs, la coalition de sanctions que
l'Occident avait forgée s'effrite. Les entreprises et les
citoyens des démocraties inconstantes commencent à
ressentir la douleur de la baisse des profits et de la
hausse des factures. Les boulangers prévoient un prix
du pain à 6 dollars.

Dans un scénario favorable à Poutine, il chantera les
sanctions. Une crise économique majeure ne signifie
pas nécessairement la chute d'un régime autocratique,
a constaté l'historien Tom Pepinsky.

De manière plus réaliste, Poutine pourrait découvrir
que, bien qu'il ait gagné la guerre, il a un énorme
problème sur les bras. L'Ukraine est légèrement plus
grande que la France. C'est une région que l'on ne peut
pas simplement occuper. "Même les 190 000 militaires
actuellement déployés sont insuffisants pour contrôler
le pays", déclare Tim Sweijs, expert en défense au
Centre d'études stratégiques de La Haye. "Il suffit de
regarder les interventions occidentales en Irak et en
Afghanistan.

Les Ukrainiens n'ont pas l'intention de se résigner à
l'inévitable, surtout après tous les sacrifices consentis.
Une résistance soutenue par l'Occident avec des armes
et de l'argent transforme la guerre de Poutine en une
guérilla prolongée qui hante Poutine et le reste de son

gouvernement. La Russie croupit sous un régime international de sanctions et d'isolement.

## SCÉNARIO 3

**Poutine consolide ses conquêtes, en partitionnant l'Ukraine**

Le gouvernement Zelensky doit finalement fuir Kiev et s'installer à Lviv, la nouvelle capitale. Les troupes russes s'arrêtent au bord du Dniepr et se retranchent.

"Il se peut qu'à un moment donné, Poutine dise : "déclarons la victoire et rentrons chez nous"", déclare M. Sweijs. Une nouvelle frontière nationale est en train d'être tracée : le sud et l'est de l'Ukraine, y compris la Crimée, sont annexés à la Russie. De facto, l'Ukraine "russophone" passe sous le drapeau russe.

Poutine atteindrait un certain nombre d'objectifs dans ce cas, mais il court le risque que l'État croupion d'Ukraine rejoigne définitivement l'Occident.

## SCÉNARIO 4

**Poutine attaque encore un autre pays non membre de l'OTAN**

Une fois que Poutine aura réussi à stabiliser la situation sur le champ de bataille, son regard avide se tournera vers d'autres zones tampons. "Il me semble très

probable qu'il passera à la Moldavie, par exemple",
déclare Timo Koster, ancien ambassadeur de l'OTAN et
ancien directeur de la politique de défense. La région
moldave de Transnistrie est pro-russe.

Avec le Belarus, qu'il a déjà dans sa poche, et un
gouvernement amical à Kiev, lui et la petite Moldavie
contrôleraient la zone frontalière de tout le flanc
oriental de l'OTAN, de la Finlande à la Turquie. Poutine
est également en train de forger une alliance militaire
avec la Serbie, amie de la Russie. À Belgrade, après deux
semaines de guerre, des manifestations ont encore eu
lieu en sa faveur.

Poutine prend un risque supplémentaire parce que
l'OTAN a clairement indiqué qu'elle n'avait pas
l'intention de défendre les pays non membres de
l'OTAN par la force des armes. La ligne rouge est la
frontière de l'OTAN.

Lorsque les États-Unis ont menacé Poutine de sanctions
à la fin de 2021, mais ont également déclaré qu'aucun
soldat ne combattrait en Ukraine, "Poutine a vu cela
comme un feu vert", pense M. Koster. Cela pourrait
également s'appliquer à d'autres pays non membres de
l'OTAN.

## SCÉNARIO 5

**Poutine teste la solidarité de l'OTAN**

Il se peut même que Poutine pense que l'Occident ne répondra pas non plus par la force militaire à une attaque contre un pays de l'OTAN, suggère Koster. Ce serait un grand pas pour Poutine, mais, dit Koster, nous ne pouvons plus nous permettre de ne pas y penser.

Après l'Ukraine, ce sont donc les États baltes qui entrent en ligne de compte. Après tout, une théorie sur la motivation de Poutine est qu'il n'est pas seulement préoccupé par l'Ukraine mais qu'il veut réparer l'accident historique de la disparition de l'Union soviétique.

Toutefois, si Poutine décide d'envahir les pays baltes, il se heurtera immédiatement aux militaires des pays occidentaux de l'OTAN qui y sont stationnés. Par conséquent, l'agression russe dans la région balte se termine presque immédiatement par un conflit armé avec l'OTAN. M. Sweijs estime que ce scénario est peu probable.

"L'OTAN a fait savoir très clairement qu'elle réagirait de manière catégorique à une attaque contre un membre de l'alliance."

## SCÉNARIO 6

### L'OTAN intervient en Ukraine, guerre avec la Russie

Les États-Unis et l'OTAN ont envoyé un message clair ces dernières semaines : l'Occident ne veut pas s'impliquer dans la guerre en Ukraine. La question est toutefois de savoir dans quelle mesure cette position restera tenable si Poutine réduit en cendres les principales villes d'Ukraine.

Selon l'ancien officier de renseignement américain Chris Chivvis, pour le groupe de réflexion Carnegie, l'administration Biden aura du mal à garder la tête froide même à ce moment-là.

L'Occident est confronté à un dilemme : une intervention entraînerait-elle une provocation de la part de Poutine ? "La dissuasion de l'Occident n'a pas fonctionné ; la question est de savoir si nous voulons continuer à être dissuadés par Poutine", déclare Koster. Cette question revient sans cesse : le durcissement des sanctions, la fourniture ou non d'avions de combat, l'établissement de la zone d'exclusion aérienne que Zelensky réclame avec tant de passion.

L'opinion publique peut jouer un rôle à cet égard, estime M. Sweijs. "Dans les interventions occidentales des trente dernières années, l'émotion 'il faut faire quelque chose' était souvent le motif principal, sans que les conséquences aient été bien réfléchies. Une zone d'exclusion aérienne serait une opération très dangereuse."

"Le scénario qui me fait le plus peur, dit Sweijs, c'est une escalade involontaire. Une erreur, une mauvaise interprétation des actions de l'autre personne, peut avoir des conséquences majeures." La pire conséquence possible est alors le déploiement d'armes nucléaires.

## SCÉNARIO 7

**Poutine et Zelensky parviennent à un accord**

La moitié du monde est prête à servir de médiateur entre Kiev et Moscou. Après la Turquie, la Chine et Israël, l'Afrique du Sud s'est manifestée. Même l'ancien chancelier Gerhard Schröder, honni dans son propre SPD pour ne pas avoir voulu prendre ses distances avec son ami Poutine, s'est rendu à Moscou pour une médiation.

Au départ, il y a peu de raisons d'être optimiste. Les itinéraires d'évacuation temporaires sûrs permettant aux civils de s'échapper des villes assiégées ne sont mis en place qu'après plusieurs séries de consultations et avec plus ou moins de succès.

Une première rencontre entre les ministres des affaires étrangères, Koeleba et Lavrov à Antalya, en Turquie, n'a pratiquement rien donné. Lavrov a même nié que la Russie avait envahi l'Ukraine. Mais ils se parlent.
La Russie exige que Donetsk, Luhansk et la Crimée soient reconnus comme russes et souhaite que l'Ukraine devienne un pays neutre et désarmé et ne rejoigne donc pas l'UE ou l'OTAN. Pour Zelensky, ces exigences sont effectivement inattaquables.

Pourtant, après deux semaines de lutte, son gouvernement laisse entendre qu'une certaine neutralité est envisageable. L'OTAN, dit Zelensky à ABC, a clairement fait savoir que nous ne sommes pas les bienvenus. Il fait pression pour une adhésion à l'UE. Son chef de cabinet laisse entendre que le transfert officiel de la Crimée et des territoires séparatistes à Moscou peut être négocié, mais que la neutralité et la démilitarisation ne sont pas négociables.

Pour que les négociations aient une chance d'aboutir, il faut qu'il y ait une "impasse blessante", dit M. Sweijs. Poutine doit réaliser que la poursuite de la guerre est plus risquée qu'un accord. Kiev devra réaliser que vaincre la Russie est impossible. Cette situation ne semble pas encore avoir été atteinte.

## SCÉNARIO 8

### Guerre froide 2.0

Dans tous les scénarios dans lesquels Poutine reste au pouvoir, l'Occident doit se préparer à une longue période de confrontation, une nouvelle variante de la guerre froide. Un désengagement économique de grande ampleur est alors à prévoir, surtout si Poutine répond aux sanctions occidentales par la nationalisation des entreprises occidentales. L'OTAN et l'UE devront s'adapter à des dépenses militaires élevées et à une solide présence militaire permanente en Europe de l'Est.

Et Poutine ? Pour lui, il n'y a pratiquement aucun scénario favorable durable. Sweijs : "Dans tous les scénarios, Poutine est devenu le nouveau Saddam Hussein ou Assad."

# Poutine détruit l'Ukraine

Deux semaines après le début de l'invasion de l'Ukraine, des centaines de milliers de personnes sont piégées dans des villes réduites en ruines par l'artillerie russe. Mais de plus en plus de Russes découvrent qu'ils sont eux aussi prisonniers, non pas de tirs d'obus, mais d'une véritable dictature. Notre expert en affaires étrangères, Matthijs le Loux, fait le point sur la guerre en Ukraine.

Le cortège d'Ukrainiens cherchant refuge à l'étranger a atteint plus de deux millions cette semaine. Selon les Nations unies, il s'agit de l'afflux de réfugiés le plus rapide en Europe depuis la Seconde Guerre mondiale.

La plupart des réfugiés se sont rendus en Pologne (1,2 million) et dans d'autres pays d'Europe de l'Est. Beaucoup d'entre eux y ont des parents ou des connaissances. Quelque 210 000 ont fui vers d'autres régions d'Europe.

Ce sont les plus chanceux. Au total, 44 millions de personnes vivent en Ukraine. Le HCR, l'agence des Nations unies pour les réfugiés, s'attend à une deuxième grande vague de réfugiés dans un avenir proche. Il s'agira probablement d'un plus grand nombre de personnes qui ne peuvent pas compter sur des contacts à l'étranger.

Et puis il y a les millions d'habitants des villes qui sont maintenant (pour la plupart) encerclées par les troupes russes. Ils n'ont aucun moyen de sortir jusqu'à ce qu'un cessez-le-feu rende leurs voies d'évacuation suffisamment sûres. En attendant, ils sont lourdement bombardés, une grande partie des infrastructures civiles ne fonctionnent plus et leurs réserves s'épuisent.

Prenez les personnes piégées dans la ville assiégée de Mariupol, dont le nombre est estimé entre 200 000 et 300 000. Elles n'ont pas accès à l'eau courante, à l'électricité ou au chauffage depuis le 2 mars, alors que les températures avoisinent le point de congélation.

La ville portuaire du sud-est, qui constitue une cible stratégique importante pour les Russes, subit des bombardements. Selon l'administration de la ville, au moins des centaines de civils sont morts à cause de l'effort de guerre. Il est impossible de faire un décompte précis car les services d'urgence ne peuvent pas suivre et les téléphones ne fonctionnent pas.

**Les réfugiés sous le feu des critiques**

Les couloirs humanitaires (routes sur lesquelles un cessez-le-feu est demandé) sont censés apporter des secours, mais la volonté russe de faire taire les armes pendant un certain temps semble faible. Plusieurs tentatives d'évacuation ont été avortées en raison des attaques, parfois après moins d'une heure.

Les réfugiés font également l'objet de tirs directs : le dimanche 6 mars, quatre d'entre eux, dont deux

enfants, ont été tués par des tirs de mortier à Irpin,
dans la banlieue de Kiev. Une équipe du New York
Times a filmé l'attaque. La photojournaliste Lynsey
Addario a écrit que deux scénarios étaient possibles : les
Russes ont délibérément ciblé l'itinéraire d'évacuation
ou ont fait preuve d'un manque total d'intérêt pour les
victimes civiles.

La Russie insiste sur le fait qu'elle ne vise pas les civils et
affirme même que les "nazis" ukrainiens visent leurs
propres civils. Ce déni constant dénote un profond
cynisme, car les preuves du contraire sont
innombrables, qu'il s'agisse de bombardements de
zones résidentielles sans valeur militaire ou d'incidents
comme celui d'Irpin.

Un cessez-le-feu visant à évacuer les civils des villes de
Kiev, Kharkiv, Sumy, Mariupol et Tchernihiv semblait
avoir plus de succès que les tentatives précédentes
mercredi, jusqu'à ce qu'une maternité de Mariupol soit
bombardée dans l'après-midi.

## Qu'en pense le Russe ordinaire ?

La façon dont l'invasion de l'Ukraine et tout ce qui
s'ensuit sont reçus par le peuple russe occupe les esprits
depuis le début de l'invasion. Mais cette question gagne
en importance à mesure que le bilan humain de la
guerre s'alourdit et que de plus en plus de régions de
l'Ukraine se transforment en ruines fumantes.

Après tout, Russes et Ukrainiens sont au moins des peuples frères slaves, voire le même peuple aux yeux du Kremlin.

Des villes comme Kiev et Odessa font également partie du récit national russe. Une connaissance ukrainienne a résumé succinctement ces liens : "Presque tous les Russes ont un cousin ukrainien."

Les tentatives d'évaluation de l'opinion publique russe se heurtent au problème de la transition du pays d'un État autoritaire à une véritable dictature. Le journaliste russe Sergei Dobrynin a décrit ce glissement de manière saisissante dans The Atlantic : "La décomposition de notre société était si lente que de nombreux Russes pouvaient choisir de ne pas la remarquer. C'était la méthode de Poutine : enfoncer le couteau progressivement. Moins de drame, même résultat."

Le Kremlin a réduit au silence les quelques médias indépendants qui fonctionnaient encore en Russie et tous les autres médias proclament la ligne du gouvernement.

Les manifestants sont raflés en masse et risquent des brutalités policières et de lourdes peines de prison.

**Besoin de stabilité**

Il est difficile de dire exactement qui croit le déluge de propagande gouvernementale et qui le remet en

question. Il en va de même pour le soutien à la guerre
en général. Les experts russes constatent de nettes
différences entre les jeunes et les personnes âgées et
entre les habitants des zones urbaines et ceux des
zones rurales.

Les jeunes et les citadins ont tendance à avoir une
vision plus internationale, à être moins dépendants de
la télévision d'État et à être plus actifs sur Internet.
L'opposition à la guerre est plus prononcée parmi eux.

Mais de tels contrastes ne racontent pas toute
l'histoire. Un Russe âgé vivant à la campagne peut aussi
parfaitement comprendre que l'histoire officielle est
imparfaite, mais il peut décider, par exemple, de se
rabattre sur une stratégie de survie efficace datant de
l'époque soviétique : hocher la tête et s'assurer de ne
pas être au-dessus de la surface.

Une autre considération importante pour de nombreux
Russes âgés découle précisément de la période
chaotique qui a suivi la chute de l'Union soviétique : ils
ont besoin de stabilité par-dessus tout.

Vladimir Poutine a su le faire par le passé. Et quoi que
cela puisse apporter si le régime de Poutine venait à
s'effondrer, une plus grande stabilité n'est pas un
résultat probable.

Et, bien sûr, il y a aussi un nombre important de Russes
qui approuvent tout simplement l'invasion, par exemple

parce qu'ils partagent les idées de Poutine sur la
"Grande Russie".

**Deux populations captives**

La pression sur la population russe augmente de toutes
parts. Les sanctions économiques imposées par
l'Occident sont d'une lourdeur sans précédent. Les
effets sont déjà ressentis par les Russes ordinaires, qui
achètent moins pour leurs roubles, ne peuvent plus
entrer dans le métro en s'enregistrant avec leur
téléphone portable, et ne peuvent plus acheter un Big
Mac.

La situation ne fera qu'empirer, surtout si l'Occident
prend à partie le secteur énergétique russe. La Russie
est devenue un paria international et les Russes à
l'étranger sont confrontés au harcèlement et à la
violence.

Pendant ce temps, des informations horribles sur la
véritable nature de la bataille en Ukraine s'infiltrent, à
partir d'applications de chat cryptées ou d'appels
téléphoniques à des parents ukrainiens. En outre, le
nombre de soldats russes rentrant chez eux dans des
sacs mortuaires risque de devenir beaucoup plus
important que ce que le Kremlin ne pourra jamais
admettre ou dissimuler efficacement.

De plus en plus de Russes qui ont les moyens de le faire
deviennent également des réfugiés : ils se rendent dans

des pays qui autorisent encore les vols russes, comme la Turquie et la Géorgie, ou traversent les frontières terrestres vers la Finlande ou les pays baltes.

De nombreux analystes pensent que les protestations en Russie vont s'amplifier. Le Kremlin ne pourra alors suivre qu'une seule voie, celle d'une répression encore plus brutale. Aucune grenade ni aucun missile ne s'abat sur le peuple russe, mais d'une certaine manière, il est tout aussi piégé que le peuple ukrainien. Poutine a détourné l'avion, et tous les occupants sont à la merci de ce que lui dicte sa vision déformée du monde.

**Les Russes perdent des troupes et des équipements, mais pas encore la guerre.**

Après deux semaines de guerre en Ukraine, deux experts en défense font le point. Leur conclusion : les Russes sont démotivés, subissent de lourdes pertes et sont surpris par la résistance des Ukrainiens, mais ils atteindront - bien qu'avec un certain retard - plusieurs de leurs objectifs.

Sur le front près de la ville de Kharkiv, le général de division russe Vitaly Gerasimov a été tué au combat mardi dernier. Il dirigeait les combats contre l'armée ukrainienne autour de la ville de millions. La mort du général est frappante pour plusieurs raisons.

Tout d'abord, que fait un général au front ? N'y a-t-il personne d'autre qui puisse diriger les troupes ? "

Il semble que l'armée russe soit à court de cadres intermédiaires. Bientôt, elle devra envoyer le commandant en chef sur le champ de bataille lui-même pour donner les ordres", a écrit Christo Grozev, rédacteur en chef de Bellingcat, sur Twitter.

Un spécialiste de la défense dans l'UE de l'institut Clingendael nommé Colijn est un peu plus prudent dans son analyse. "Les choses ne se passent pas sans heurts là-bas", dit-il. "Sinon, les Russes n'enverraient pas un général pour mettre de l'ordre.

Mais pour le poids des Russes, la mort de Gerasimov n'a pas beaucoup d'importance en fin de compte ; ils ont un millier de généraux là-bas."

**Les Russes appellent les téléphones chinois non sécurisés : "Très vulnérables".**

Autre détail frappant : un officier du service secret FSB a informé son supérieur de l'autre côté de la frontière de la mort du général via une ligne non sécurisée. L'année dernière, l'armée russe a introduit en grande pompe des cryptophones ERA sécurisés, mais il s'avère qu'ils ne fonctionnent pas en Ukraine car les antennes 3G ont été détruites par leurs propres troupes. Ils doivent donc passer des appels avec des téléphones non sécurisés et des cartes SIM ukrainiennes locales.

Ces appels ont donc été entendus par les Ukrainiens. Bellingcat a mis la main sur ces appels et a découvert que l'agent du FSB au front appelait son collègue Dmitry Shevchenko dans la ville russe de Tula. Lorsque ce dernier a appris que le général avait été tué, un long silence s'est installé. Shevchenko a alors commencé à jurer abondamment.

Nous nous sommes entretenus avec un maître de conférences en stratégie militaire à l'Académie de défense de l'UE, titulaire d'un doctorat sur les techniques de tromperie modernes utilisées par la Russie lors de l'annexion de la Crimée en 2014. Il suit de près la guerre en Ukraine. Le fait que les Russes ne puissent pas communiquer par des connexions sécurisées les rend "très vulnérables", selon le conférencier.

"Je crois savoir que les soldats russes s'appellent même sur des téléphones portables chinois très bon marché, qui sont très faciles à forcer. Il est alors très facile pour votre adversaire de découvrir ce que vous faites."

Les problèmes logistiques ralentissent l'avancée, mais ne l'empêchent pas
Sur les médias sociaux, on trouve non seulement de nombreuses vidéos de chars russes abandonnés et brûlés, mais aussi de camions transportant du carburant et d'autres marchandises. Il y a aussi des histoires de soldats russes cherchant de la nourriture et pillant donc des magasins et des maisons. "Ces problèmes

logistiques sont plus susceptibles de ralentir une avancée que de l'empêcher entièrement", explique le spécialiste de la défense de l'UE.

Il y aura "certainement des défis logistiques", mais il y en a dans toutes les guerres. C'est pourquoi, dit-il, il ne faut pas trop déduire des camions calcinés et des chars immobilisés. "Nous nous faisons une opinion sur la base des images que nous voyons, mais ce n'est qu'une partie de la réalité. Il se pourrait bien qu'il y ait beaucoup moins de problèmes ailleurs."

**L'armée ukrainienne distribue des piqûres d'épingle et se replie sur les villes**

Le gouvernement ukrainien a fait circuler des images de propagande de prisonniers de guerre russes, chacun d'entre eux déclarant qu'il pensait être engagé dans un exercice militaire. Il existe également des rumeurs selon lesquelles des unités du Belarus refuseraient d'entrer en action contre les Ukrainiens. "Les jeunes soldats qui ne veulent pas se battre entraînent des retards, mais peuvent facilement être remplacés". "Ou bien ils mettent dans les avions des pilotes qui ont eu une formation beaucoup plus longue et qui sont peut-être plus motivés. On voit ça en Syrie et on l'a vu à l'époque avec la guerre en Tchétchénie."

Nous pouvons souligner que la structure de commandement russe "masculine" peut conduire à la démotivation des troupes. "Dans l'armée russe, le commandant est tout-puissant. Il détermine en détail ce qui doit se passer, les officiers inférieurs et les soldats ne font qu'exécuter. Si les choses ne vont pas bien dans une opération et que vous ne pouvez pas changer la situation, vous vous promenez rapidement avec votre âme sous le bras."

La grande inconnue, c'est l'armée ukrainienne, qui n'affronte pas l'ennemi de manière traditionnelle, mais lance des piques à gauche et à droite, puis se replie vers les villes. "Il est difficile pour l'armée russe de lutter contre cela. "En tant qu'armée, vous préférez ne pas entrer dans une ville, c'est très difficile à conquérir. Il pourrait y avoir un sniper dans chaque bâtiment, il faudrait une force énorme."

Lorsque les Russes ont pris la Crimée en 2014, ils ont utilisé des saboteurs, des unités avancées qui ont désactivé des installations et pris des politiciens en otage. En conséquence, le gouvernement ukrainien s'est rapidement retrouvé dos au mur. "Ils peuvent oublier une répétition de ces opérations à Kiev", dit Bouwmeester. "Si de tels saboteurs se font connaître, ils auront la population contre eux".

**Les partis veulent renforcer leurs positions pour les négociations en Turquie**

Jeudi, les négociateurs de la Russie et de l'Ukraine se rencontreront à nouveau, cette fois dans la station balnéaire turque d'Antalya.

Les Ukrainiens sont en position de force car ils sont difficiles à saisir sur le champ de bataille, montrent qu'ils sont capables de résister et ont une population unie derrière eux. Les Russes, au prix de nombreuses souffrances humaines et d'importants flux de réfugiés, ont gagné beaucoup de terrain dans le sud de l'Ukraine et sont en passe d'encercler Kiev. Ils n'arriveront donc certainement pas non plus en Turquie les mains vides.

Selon Colijn, malgré leurs pertes, les Russes sont toujours en mesure d'occuper et de contrôler Kiev et peuvent vaincre les Ukrainiens militairement. "Le fait qu'ils perdent des troupes et du matériel est contre toute attente, mais au total, ce n'est pas si grave", a-t-il déclaré. Ce revers pourrait en fait encourager les dirigeants militaires russes à vouloir poursuivre la guerre de manière sale, c'est-à-dire avec beaucoup de violence et de victimes civiles."

# Pourquoi Kiev est-elle si importante ?

La capitale ukrainienne, Kiev, est la principale cible de l'invasion russe. Le président russe Vladimir Poutine a clairement indiqué qu'il existe des raisons non seulement stratégiques mais aussi historiques d'attaquer la ville. Pourquoi Kiev est-elle si importante pour les Russes comme Poutine ?

## 1. Kiev est considérée comme le "berceau" de la Russie

Dans les discours dans lesquels Poutine a déclaré l'invasion de l'Ukraine, il a qualifié avec insistance l'Ukraine de partie historique de la Russie. Le président russe a ainsi fondé la justification de l'invasion sur l'histoire commune des deux pays.

Comme de nombreux Russes, Poutine considère Kiev comme le "berceau" de la Russie. Depuis 882, Kiev était la capitale et l'homonyme de l'empire médiéval de Kiev. Cet empire couvrait une grande partie de l'Ukraine, du Belarus et de la Russie actuels. Il est considéré par les Russes comme le précurseur de la Russie d'aujourd'hui. Le nom de Russie est dérivé des Rus, le peuple qui a fondé l'empire de Kiev.

En tant que centre de l'Empire de Kiev, Kiev est devenue l'une des plus importantes et des plus grandes villes de l'Europe médiévale. Cela s'est produit des siècles avant que, par exemple, les grandes villes russes actuelles de Moscou et de Saint-Pétersbourg n'aient une quelconque importance. Après la destruction de la ville par les Mongols en 1240, Kiev ne sera plus jamais à la hauteur de sa gloire passée.

La domination de Kiev et de ses environs a constamment changé au cours des siècles suivants. À la fin du XVIIIe siècle, la région a été incorporée à l'Empire de Russie sous le règne de l'impératrice Catherine la Grande. De nombreux Russes considèrent que c'est à ce moment-là que l'Ukraine a finalement fait partie de la Russie.

## 2. Poutine considère l'indépendance de l'Ukraine comme une énorme erreur

L'Ukraine est l'une des 14 républiques qui ont obtenu leur indépendance de la Russie après l'effondrement de l'Union soviétique en 1991. Elle a conservé Kiev comme capitale, ce qui signifie que la ville ne fait plus partie du territoire russe. Mais cela ne signifie pas que l'histoire commune a soudainement disparu.

Aujourd'hui encore, les Ukrainiens et les Russes entretiennent des liens étroits. Ils sont même souvent parents directs l'un de l'autre. De nombreux Ukrainiens parlent couramment le russe en plus de leur propre langue. Pourtant, la plupart d'entre eux se sentent vraiment ukrainiens, et donc pas russes.

Toutefois, aux yeux de Russes comme Poutine, l'Ukraine appartient toujours à la Russie dans son intégralité. Ils

considèrent l'indépendance de l'Ukraine comme une
erreur qui doit être réparée à tout prix.

### 3. Kiev représente "le cœur de l'Ukraine".

Bien entendu, Kiev revêt également une importance
stratégique pour Poutine et la Russie. Une règle non
écrite de la guerre veut qu'un pays attaqué ne soit pas
vaincu tant que sa capitale n'est pas prise. Considérez,
par exemple, la prise du pouvoir par les Talibans en
Afghanistan. Elle est datée du 15 août 2021, le jour où
les djihadistes ont pris la capitale Kaboul.

Dans la grande majorité des pays du monde, la capitale
est également la ville où siège le parlement national.
Les Pays-Bas - avec Amsterdam comme capitale et La
Haye comme ville où siège le parlement - sont l'une des
rares exceptions.

En Ukraine aussi, le parlement - la Verkhovna Rada
(littéralement Conseil suprême) - a son siège dans la
capitale. Le quartier de Pecherskyi, où se trouve le
bâtiment du parlement, est donc également appelé le
cœur de l'Ukraine. Le parlement national est le symbole
ultime de l'autonomie d'un pays.

C'est une autre raison pour laquelle Poutine tient à
conquérir Kiev. Le président russe a déclaré
précédemment qu'il ne considère pas l'Ukraine comme
un pays indépendant. Les symboles de l'indépendance
ukrainienne sont donc une épine dans son pied.

## 4. La "cible numéro un" réside à Kyiv

En parlant de symboles de l'indépendance ukrainienne, le président Volodymyr Zelensky reste à Kiev depuis le début de l'invasion russe. Il a déjà fait savoir à plusieurs reprises qu'il ne quitterait pas la ville. Zelensky partage régulièrement des photos et des vidéos de lui se promenant dans les rues et passant devant des bâtiments célèbres.

En tant que chef d'État, Zelensky, tout comme le Parlement, est un symbole de l'indépendance ukrainienne. En outre, depuis l'invasion russe, il est devenu l'enfant-vedette de la résistance ukrainienne. Il s'est avéré être le plus grand obstacle pour Poutine. Ce dernier veut installer un gouvernement pro-russe en Ukraine.

Zelensky a déclaré que les Russes ont fait de lui leur "cible numéro un". Selon l'Ukraine, trois tentatives d'assassinat du président ont déjà été déjouées depuis le début de l'invasion.

Le convoi russe qui se dirigeait vers Kiev était pratiquement à l'arrêt depuis quelques jours, mais vendredi, de nouvelles images satellite ont montré que le convoi s'était maintenant désintégré. Des parties du convoi se sont éparpillées dans la région.

Selon les experts, les troupes russes se préparent à prendre d'assaut la capitale. Cela pourrait avoir lieu dans les jours à venir.

# Banques suisses et argent russe

Les Russes fortunés ont déposé un total d'environ 170 milliards d'euros dans les banques suisses. C'est ce qu'a annoncé l'Association suisse des banques dans une rare démonstration de transparence.

L'Association suisse des banquiers a déclaré jeudi à Reuters que les banques suisses détiennent sur leurs comptes entre 150 et 200 milliards de francs suisses d'argent russe. Converti, cela équivaut à une somme comprise entre 145 et 193 milliards d'euros.

La Suisse est habituellement très réticente à fournir des données sur l'identité des clients des banques suisses, car elle est connue pour gérer discrètement les avoirs de milliardaires du monde entier.

Cependant, en raison de l'invasion russe en Ukraine, la Suisse a dévié de sa position habituelle de "neutralité" dans les conflits internationaux. Le pays s'est joint aux sanctions européennes contre la Russie.

La politicienne sociale-démocrate Mattea Meyer, membre du Conseil national suisse, a demandé que les avoirs des oligarques russes en Suisse soient gelés. "Une partie de cet argent appartient à des oligarques qui sont fidèles au Kremlin", a-t-elle déclaré. Selon Mme Meyer, la Suisse doit "fermer les robinets à argent".

**L'argent russe dans les banques suisses**

Selon l'Association suisse des banques, les quelques 200 milliards d'euros d'avoirs russes dans le pays sont relativement faibles par rapport au total des avoirs que les étrangers ont planqués en Suisse. Il s'agit de "moins de 5 % du total", a indiqué le club bancaire à Reuters.

La plus grande banque suisse mesurée par le total des actifs est UBS. Cette banque est exposée à la Russie par le biais de prêts d'un montant équivalent à 613 millions d'euros, selon son rapport annuel pour 2021.

Ralph Hamers, ancien patron d'ING, est actuellement le principal dirigeant d'UBS. M. Hamers a indiqué lors d'une conférence mercredi qu'UBS cherche à réduire les risques liés à la situation en Russie auprès de ses clients, rapporte Reuters.

Credit Suisse, la deuxième plus grande banque du pays, a indiqué dans son rapport annuel qu'environ 1,5 milliard d'euros de prêts liés à la Russie étaient en cours à la fin de 2021.

La Suisse a été largement critiquée par le passé pour son secret bancaire, qui permettrait à des personnes fortunées aux antécédents douteux de conserver leur argent à l'abri des regards des autorités chargées des enquêtes.

En 2018, sous une intense pression internationale, les banques suisses ont effectivement pris des mesures pour partager certaines informations avec les autorités fiscales d'autres pays.

# L'Ukraine et l'OTAN

La Russie a annoncé que les consultations en ligne avec l'Ukraine allaient se poursuivre. Depuis lundi, des représentants des deux pays se sont entretenus par vidéo afin de trouver une solution à l'invasion de l'Ukraine par la Russie.

Des questions militaires, politiques et humanitaires sont discutées, selon un porte-parole du ministère russe des Affaires étrangères. Les négociations n'ont pas encore abouti à une percée, mais les parties semblent faire des progrès malgré des discussions difficiles.

Kiev exige un cessez-le-feu et le retrait des troupes russes. Moscou souhaite que l'Ukraine devienne un pays neutre et ne soit pas membre de l'OTAN. La délégation russe souhaite également que Kiev reconnaisse que la Crimée appartient à la Russie et que les régions renégates de Donetsk et de Louhansk sont des États indépendants.

L'Ukraine et la Russie se seraient rapprochées mercredi dans le cadre de négociations de paix. Les délégations négocient un plan de paix en 15 points, selon le Financial Times. Le journal économique britannique s'est appuyé sur trois sources censées être impliquées dans les pourparlers.

Un premier projet d'accord de paix prévoirait un cessez-le-feu et le retrait des troupes russes. Ce serait à la condition que Kiev déclare qu'il n'autorisera pas de bases militaires ou d'armes occidentales sur son territoire et abandonne son ambition de rejoindre l'OTAN.

Les Russes souhaiteraient un statut militairement neutre pour l'Ukraine, semblable à celui de l'Autriche et de la Suède. Ces deux pays sont membres de l'Union européenne mais pas de l'OTAN. Le président Volodymyr Zelensky a déclaré mardi que l'Ukraine devait reconnaître que l'adhésion à l'OTAN était hors de question.

L'adhésion à l'OTAN est hors de question pour l'Ukraine pour le moment. Le président Zelenski l'a déclaré hier. L'Occident peut-il alors se contenter de regarder ? Six questions et réponses sur ce que l'OTAN peut encore faire pour aider l'Ukraine. Et ce que, surtout, elle ne doit pas faire.

Pendant longtemps, Volodomir Zelensky, le président de l'Ukraine, a souhaité devenir membre de l'alliance militaire de l'Occident. Car si l'Ukraine en était membre, l'Occident l'aiderait militairement à vaincre la Russie. Mais ce souhait peut être contrarié. L'OTAN ne souhaite pas l'adhésion de l'Ukraine, le pays doit donc chercher d'autres alliés sur le plan militaire.

**1. Pourquoi l'Ukraine ne peut-elle pas rejoindre l'OTAN ?**

101

Avant de voir qui pourraient être ces alliés, il faut d'abord se demander pourquoi l'adhésion est hors de question pour l'Ukraine. Nous en discutons avec Laurien Crump, maître de conférences en relations internationales à l'université d'Utrecht. "L'OTAN ne veut pas d'une guerre avec la Russie", explique Mme Crump. "C'est aussi une des raisons pour lesquelles l'Ukraine n'a jamais adhéré auparavant".

"Selon l'article 5 - une attaque contre un État membre est une attaque contre tous - l'OTAN devrait venir en aide à l'Ukraine en cas de guerre. Ce risque, qui est désormais une réalité avec la guerre actuelle, est trop grand pour les États membres. "

"Zelensky a maintenant compris ce message. Au lendemain de l'invasion de l'Ukraine par la Russie, il a demandé si son pays pouvait adhérer, mais il y a eu un silence assourdissant du côté de l'OTAN", raconte Crump. "Et il dit maintenant qu'il ne veut pas le supplier à genoux".

Une autre raison entre en jeu. "L'une des conditions essentielles à l'adhésion à l'OTAN est qu'un pays doit résoudre ses problèmes internes et externes avant de pouvoir devenir membre. Autrement dit, l'OTAN ne veut pas importer l'insécurité d'un autre pays. Lorsque Poutine a annexé la Crimée en 2014, cela s'était en fait déjà produit. En raison de ce niveau d'insécurité, l'Ukraine ne peut pas devenir membre de l'OTAN."

**2. Et cette zone d'exclusion aérienne. Pourquoi ça ne vient pas aussi ?**

"Une telle zone d'exclusion aérienne peut sembler très amicale, mais cela signifie que si la Russie vole dans l'espace aérien ukrainien, l'OTAN doit abattre l'avion russe. Et cela signifie que l'OTAN continue de s'ingérer dans le conflit", explique M. Crump.

"Pendant la lutte contre Saddam Hussein, une zone d'exclusion aérienne a été choisie en Irak. Mais il s'agissait alors d'une situation qui ne se produisait qu'en Irak. C'est différent en Ukraine. Le danger vient d'un pays voisin. Cela signifie dans ce cas que vous devez appliquer une zone d'exclusion aérienne non seulement en Ukraine, mais aussi au-dessus de la Russie. Si vous voulez aider l'OTAN à entrer dans l'abîme, vous devez le faire."

**3. Le Premier ministre polonais, après sa visite à Kiev, parle d'une mission de maintien de la paix de l'OTAN. Qu'est-ce que c'est ?**

"Je pense qu'il est juste en train de crier quelque chose". "Nous avons la chance d'avoir des politiciens qui ne savent pas exactement de quoi il s'agit. Vous ne pouvez pas avoir une mission de maintien de la paix en temps de guerre. On ne peut le faire qu'une fois qu'un accord de paix est signé. Ensuite, une mission peut s'assurer que le pays en question reste stable."

"Et même s'il y avait un accord de paix, l'OTAN ne peut pas être l'organisation qui le supervise".

"Parce que l'OTAN est exactement le problème. Alors la Russie dit : "Regardez, l'OTAN occupe l'Ukraine."

**4. Les premiers ministres de la République tchèque et de la Slovénie étaient également à Kiev. Peuvent-ils aider l'Ukraine ?**

"La fourniture d'armes est une affaire à double sens. Il n'existe pas d'armes de l'OTAN.

Les Américains, par exemple, les approvisionnent également. Mais envoyer des troupes ? Si vous voulez vous suicider, vous le pouvez. Si une République tchèque, une Pologne ou une Slovénie le fait, ce pays devient partie intégrante de la bataille. Et alors, que fait l'OTAN si la Pologne est attaquée ?"

"Vous remarquez que l'idée d'une mission de paix de l'OTAN provoque déjà des tensions au sein de cette organisation, mais aussi de l'Union européenne. L'UE a déjà déclaré que les pays mentionnés ne les avaient pas consultés. Alors vous en savez assez. Ils n'en voient pas l'intérêt, car alors l'alliance occidentale sera toujours impliquée."

**5. Mais que peut faire l'OTAN pour aider l'Ukraine ?**

"Pas beaucoup, à cause des trente dernières années de coupes budgétaires. Il n'y a plus de grandes unités de combat avec une grande puissance de feu.

Ce qui peut encore être fait, c'est d'envoyer des avions radars. Ils les utilisent pour voir ce qui se passe en Ukraine. Mais surtout pour voir s'il y aura une attaque contre l'OTAN."

Une déclaration de Bruxelles est également envisageable. Une réunion de l'OTAN s'y déroule aujourd'hui avec les ministres de la défense des États membres. "Une telle déclaration vise à maintenir le moral des Ukrainiens", a-t-il déclaré.

"Et c'est un signal pour la Russie. Au moment des négociations, tout soutien est important. Mais en fait, l'OTAN doit agir avec beaucoup de prudence, en particulier maintenant."

**6. Qu'est-ce que l'OTAN ne doit surtout pas faire ?**
"Toute mesure qui entraîne une nouvelle escalade, vous ne devriez pas la souhaiter. Par exemple, aujourd'hui, l'Amérique dit que Poutine est un criminel de guerre. C'est moralement juste, mais très gênant."

"La même chose s'est produite avec le président syrien Assad. L'Occident a dit : 'C'est un criminel de guerre, donc nous ne lui parlerons plus.' Cela aussi est moralement justifiable, mais s'il n'y a plus de discussion, alors il est rationnel pour la personne qualifiée de criminel de guerre de continuer à se battre."

"Je crains que l'Occident ne fasse des choses qui semblent justes, mais qui s'avèrent mauvaises. Des choses qui feront qu'il ne sera plus possible de parler à Poutine. Que vous vouliez qu'il soit jugé un jour est clair. Mais d'abord, que la guerre soit terminée."

# Pénuries alimentaires à venir

Les céréales dans les champs ukrainiens sont en bon état et le pays aura assez de pain cette année. C'est ce qu'a déclaré mercredi le ministre ukrainien de l'agriculture, Taras Dzoba.

L'Ukraine est l'un des principaux producteurs et exportateurs de céréales au monde. En raison de l'invasion du pays par la Russie, la production de céréales suscite des inquiétudes.

Les analystes du pays avaient précédemment averti que la production céréalière pourrait chuter brutalement en raison de l'invasion, car il resterait moins de terres agricoles à ensemencer. Cependant, les cultures qui sont maintenant dans les champs se portent bien. L'Ukraine a suffisamment de pain cette année, malgré les conditions difficiles dans lesquelles les travaux doivent être effectués sur les terres, a déclaré le ministre dans un communiqué. Toutefois, les prix risquent d'être plus élevés en raison de la guerre.

Les connaisseurs ont prédit en début de semaine que près de 40 % de terres agricoles en moins pourraient être ensemencées en céréales à cause de la guerre. L'Ukraine a récolté un record de 86 millions de tonnes de céréales en 2021. Le président ukrainien Volodimir Zelensky a déclaré la semaine dernière que le pays devrait semer autant de céréales que possible ce printemps.

## Interdiction d'exporter des céréales en Ukraine

L'Ukraine a précédemment imposé une interdiction sur l'exportation de plusieurs types de céréales. Le seigle, l'orge, le sarrasin et le millet, entre autres, ne peuvent plus être exportés, a décidé le gouvernement de Kiev. En agissant ainsi, le gouvernement espère conserver suffisamment de nourriture pour sa propre population et son armée en temps de guerre. Ces dernières semaines, les prix des céréales ont déjà considérablement augmenté.

L'exportation de sucre, de sel et de viande a également été restreinte par Kiev. Ces interdictions durent jusqu'à la fin de l'année.

Les prix du blé ont fortement augmenté au début du mois de mars, après la récente reprise due à la guerre en Ukraine. L'invasion russe et les sanctions contre ce pays ont pratiquement paralysé les exportations de blé. Cela met en péril l'approvisionnement des autres pays.

L'Ukraine et la Russie représentent plus d'un quart des exportations mondiales de blé.

Cet été, les récoltes record en Amérique du Nord et dans d'autres régions d'Europe seront essentielles pour ralentir la poursuite de la hausse des prix. Alors que les flux en provenance de la région de la mer Noire sont comprimés par la guerre, de nombreux acheteurs envisagent des contrats à terme pour le blé australien. Selon le négociant CBH Group, ceux-ci passent déjà des commandes pour une bonne partie du troisième trimestre.

Les entreprises de transformation alimentaire recherchent avec diligence des alternatives à l'huile de tournesol. Ses stocks sont bons pour quatre à six semaines encore, puis ils s'épuiseront. Cela est dû à la guerre en Ukraine, qui est un important producteur d'huile végétale.

"Nous allons le remarquer de deux manières", déclare un porte-parole de l'association professionnelle. "D'abord, le rayon des huiles de tournesol dans les supermarchés sera vide". En outre, l'huile de tournesol va également disparaître de toute une série de produits. "Les producteurs cherchent déjà des alternatives. L'huile de tournesol est utilisée pour faire frire les frites et les chips, par exemple, mais on la trouve aussi dans la margarine, les biscuits et dans les aliments pour bébés. Elle est très polyvalente."

Les alternatives pourraient inclure l'huile de colza, l'huile de lin ou l'huile de palme, explique le porte-parole. Ce qui fonctionne dépend du produit et de la manière dont l'huile est utilisée. En outre, les étiquettes et les emballages doivent également être adaptés si un autre produit, plutôt que l'huile de tournesol, est utilisé. Cela a des conséquences sur la liste des ingrédients, mais aussi éventuellement sur la valeur nutritionnelle.

Le passage à d'autres ingrédients et l'adaptation de l'emballage coûtent de l'argent aux entreprises et entraînent inévitablement une hausse des prix. "La demande pour ces alternatives augmente et elles deviennent donc également plus chères.

La mesure dans laquelle les entreprises peuvent absorber elles-mêmes toutes les augmentations de prix est limitée", déclare le porte-parole. Par ailleurs, divers matériaux d'emballage tels que l'étain et le carton deviennent également plus chers en raison de la guerre en Ukraine.

**Nous nourrissons le pays**
L'un des plus grands entrepôts du pays, rempli de denrées alimentaires, situé près de Kiev, a été bombardé. On ignore si l'entrepôt de Marioepol est toujours là et si la réfrigération fonctionne encore. La distribution de produits alimentaires dans le pays met la vie des chauffeurs en danger. Les chars passent au-dessus des champs où les semailles sont censées avoir lieu.

"Mais les affaires continuent", dit Rich. En Ukraine, MHP (Myronivsky Hliboproduct) emploie 30 000 personnes. L'entreprise possède de grands élevages de poulets dans tout le pays et près de 400 000 hectares de terres produisant du blé, du maïs, des tournesols et d'autres cultures.

L'entreprise affirme qu'en temps normal, elle représente 50 % de la production alimentaire de l'Ukraine. "Mais maintenant, c'est 100 pour cent. Nous sommes les seuls à être encore opérationnels. Nous nourrissons le pays."

L'Australien Rich travaille actuellement avec une poignée d'employés de Slovénie. Mais la plupart de ses cadres se trouvent toujours en Ukraine.

## Réseau téléphonique cassé

"C'est difficile, mais pendant la pandémie de Covid, nous avons appris à travailler à distance. J'ai beaucoup de téléphones et je communique par Whatsapp, Signal, Zoom et Teams. C'est le seul moyen pour nous d'être en contact avec la population locale. Le réseau téléphonique a largement disparu. Tout passe donc par l'internet."

Au fait, le site Web de l'entreprise est fermé par crainte des pirates russes, par mesure de précaution. Tout ce qu'on y trouve est une déclaration de soutien aux troupes ukrainiennes.

Affamé
Rich est préoccupé par les difficultés croissantes de la distribution des produits à travers le pays. Là où un camion mettait normalement deux heures à rouler, il en met maintenant dix. C'est à cause des inspections, des ponts et des routes endommagés.

111

"Il est difficile de trouver des conducteurs prêts à prendre la route. C'est devenu un champ de mines partout et il est difficile de faire aller et venir les camions sans perdre des vies."

Selon Rich, il s'agit d'un plan clair des Russes pour provoquer des pénuries alimentaires en Ukraine. "Ils bombardent les centres de distribution. Ces centres sont censés approvisionner les supermarchés. C'est une politique de famine."

Les prochaines semaines sont cruciales pour la sécurité alimentaire en Ukraine, dit Rich. C'est le moment de semer des graines.

**Les Russes prennent des repas à emporter**

"Beaucoup de céréales sont produites par les petits agriculteurs. Ils n'ont pas encore leurs engrais. Le problème, c'est qu'ils n'ont pas non plus l'argent pour le faire ou ne peuvent pas y avoir accès parce que les actifs sont gelés. Et sans engrais, la production est plusieurs fois inférieure. En tant que grande entreprise, nous avons tout ce dont nous avons besoin. Mais il faut que ça se calme avant que nous commencions à semer."

Il craint également que la nourriture stockée ne soit confisquée par les Russes là où ils le peuvent. "Leur logistique ne fonctionne pas bien. Donc tout ce sur quoi ils mettent la main, ils le mangeront eux-mêmes."

"Les Ukrainiens sont très patriotes. Ils veulent se battre. Ça va être terrible."

S'il n'y a pas assez de semailles dans les prochaines semaines, le monde entier va le remarquer, affirme Rich.

"Cinquante pour cent de l'huile de tournesol mondiale provient de cette région. Un quart du blé et 20 % du colza. Si l'on considère qu'une grande partie de cette production sert à nourrir les animaux dans l'UE et en Grande-Bretagne, les pourcentages sont encore plus élevés. L'impact sur les prix des aliments devient inimaginable avec les problèmes qui se posent ici."

**Ça va être terrible.**

Dans le sud et l'ouest, Rich affirme que le personnel est encore relativement en sécurité. "Dans la région de Kiev, c'est très difficile. Nous avons également évacué une grande partie de notre personnel dans l'est du pays vers la Pologne. Avec la Croix-Rouge, nous avons fait venir des bus là-bas pour les récupérer." La plupart d'entre eux sont des femmes et leurs enfants. La plupart des hommes ne sont pas autorisés à sortir du pays.

Rich craint que la guerre ne dure longtemps. Et qu'une pénurie de nourriture y jouera un rôle de premier plan. "Les Ukrainiens sont très patriotes. Ils veulent se battre. Ça va être terrible."

**La Russie envisage des "importations parallèles" après le départ d'entreprises.**

La Russie envisage des importations dites parallèles pour obtenir des marchandises des entreprises occidentales. Cela signifie que ces marchandises ne sont pas importées avec l'autorisation des entreprises occidentales, mais qu'elles sont achetées à d'autres entreprises, qui les ont à leur tour achetées avec cette autorisation. Normalement, ce type d'importation, également appelé importation grise, n'est pas autorisé.

L'autorité russe de la concurrence affirme avoir eu une conversation avec le directeur du principal magasin en ligne russe Wildberries, au cours de laquelle la légalisation des importations parallèles a été évoquée. Les deux parties ont convenu que les consommateurs et les entreprises russes en bénéficieraient.

En raison des sanctions et du sentiment anti-russe, de nombreuses entreprises occidentales ne fournissent plus leurs produits à la Russie. Par conséquent, les commerçants russes ont de moins en moins de marchandises à vendre. Les petites et moyennes entreprises, en particulier, pourraient être aidées si elles pouvaient acheter des lots de marchandises provenant de pays qui souhaitent commercer avec la Russie.

Selon la responsable de Wildberries, Tatyana Bakalchuk, les importations grises sont "particulièrement importantes pour des produits tels que les médicaments, les denrées alimentaires et les articles pour enfants. Bien que ces marchandises soient autorisées à commercer avec la Russie comme d'habitude, certaines entreprises occidentales choisissent de ne pas faire affaire avec le pays après l'invasion de l'Ukraine. Toutefois, la plupart des sociétés pharmaceutiques ont indiqué qu'elles continueraient à fournir des médicaments comme d'habitude.

**Les États baltes et la Bulgarie expulsent des diplomates russes**

Les États baltes et la Bulgarie expulsent un total de 20 diplomates russes en raison de la guerre en Ukraine. La Bulgarie a désigné dix diplomates comme persona non grata, tandis que la Lituanie expulse quatre diplomates et l'Estonie et la Lettonie trois chacune.

Les diplomates russes en Bulgarie ont reçu 72 heures pour quitter le pays pour des activités qui violent leur statut diplomatique. La Lettonie fait état d'exactement la même raison, précisant qu'elle tient également compte de l'agression russe en Ukraine.

L'Estonie déclare que les diplomates ont "directement et activement porté atteinte à la sécurité de l'Estonie et diffusé de la propagande justifiant l'action militaire de la Russie". La Lituanie fait savoir qu'elle se veut solidaire de l'Ukraine. Les pays baltes ont coordonné leur action.

En début de semaine, la Slovaquie avait déjà décidé d'expulser trois diplomates russes. À l'époque, la Russie avait déclaré qu'elle répondrait à cette mesure "injustifiée". Il y aura également une réponse à l'expulsion "hostile" des diplomates de Bulgarie, a déclaré l'ambassade russe à Sofia.

**La banque centrale russe maintient son taux d'intérêt à 20 %.**

La banque centrale de Russie maintient le taux d'intérêt directeur à 20 %. Depuis que le pays a envahi l'Ukraine, il est soumis à de lourdes sanctions économiques. Pour contrer la chute du rouble russe et la hausse de l'inflation, le taux d'intérêt a été plus que doublé à la fin du mois dernier.

Le président russe Vladimir Poutine a déclaré en début de semaine que son pays avait survécu à un "blitzkrieg économique" de sanctions internationales. Il a toutefois prévenu que la Russie serait confrontée à une hausse du chômage et de l'inflation alors qu'elle s'adapte à la nouvelle réalité. Selon M. Poutine, la nouvelle situation exigera des "changements structurels profonds" dans l'économie russe.

M. Poutine a reconnu que "la hausse des prix affecte sérieusement les revenus des gens". Il a déclaré que le gouvernement disposait de ressources suffisantes pour couvrir les coûts sans imprimer de monnaie. Ce faisant, il n'est pas entré dans les détails.

La patronne de la banque centrale russe, Elvira Nabiullina, doit commenter la décision sur les taux d'intérêt vendredi après-midi. Poutine souhaite reconduire l'économiste, qui dirige la banque centrale depuis 2013.

**Un ministre allemand cherche une alternative au gaz russe dans la région du Golfe**

Le ministre allemand de l'économie et du climat se rend dans le golfe Persique ce week-end dans le cadre des efforts visant à réduire la dépendance de l'Allemagne vis-à-vis du gaz russe. Le Qatar, première destination du ministre Robert Habeck, est l'un des plus grands exportateurs de gaz naturel liquéfié au monde. Ce gaz naturel liquéfié pourrait constituer une alternative intéressante pour l'approvisionnement énergétique de l'Allemagne, mais actuellement le gaz du Qatar est principalement destiné à l'Asie.

L'Allemagne a besoin de plus de gaz liquéfié pour les terminaux GNL qu'elle veut construire, a souligné M. Habeck. Il a toutefois ajouté que ce combustible fossile ne devrait être utilisé que "temporairement et à court terme", comme une sorte d'étape intermédiaire vers des sources d'énergie plus durables. Le politicien de Bündnis 90/Die Grünen voit des opportunités dans une transition du gaz naturel conventionnel vers l'hydrogène vert et a également déclaré que la guerre en Ukraine a rendu cette transition plus urgente.

**Port de Rotterdam : le trafic de conteneurs est particulièrement affecté par les sanctions**

Dans le port de Rotterdam, le transport de conteneurs en particulier ressent l'impact des sanctions imposées à la Russie en raison de la guerre en Ukraine. Selon l'autorité portuaire, l'incertitude liée aux sanctions est en partie responsable du fait que les terminaux et les compagnies maritimes n'acceptent plus du tout ou ne traitent plus les conteneurs à destination de la Russie.

Environ 8 % du transport par conteneurs via Rotterdam est lié à la Russie. Un grand nombre de marchandises font l'objet d'une interdiction d'exportation, notamment celles qui peuvent être utilisées à des fins civiles et militaires, les "biens à double usage". Comme il n'est pas toujours évident de savoir ce qui est couvert par les sanctions et ce qui ne l'est pas, de nombreuses entreprises choisissent à l'avance de ne pas traiter ces marchandises. Un autre facteur est qu'il n'est pas certain si et quand les douanes, qui sont responsables des inspections, libéreront les conteneurs en question.

Un autre point qui rend les entreprises prudentes est le fait que l'on ne sait pas comment la guerre en Ukraine va évoluer. Les risques de paiement jouent également un rôle à cet égard. Selon l'autorité portuaire, on ne sait pas très bien ce que les développements en Ukraine signifieront pour les flux commerciaux dans la période à venir.

L'importation d'énergie telle que le pétrole brut, les produits pétroliers, le gaz naturel liquéfié (GNL) et le charbon n'est pas affectée par les sanctions pour le moment. Sur les quelque 470 millions de tonnes de transbordement à Rotterdam, 62 millions de tonnes sont orientées vers la Russie, selon l'autorité portuaire. Actuellement, environ 30 % du pétrole brut provient de Russie et un quart du GNL. En outre, la Russie représente 20 % des produits pétroliers et du charbon transbordés.

La Russie exporte également de l'acier, du cuivre, de l'aluminium et du nickel via Rotterdam, entre autres. Pour l'instant, cela ne tombe pas non plus sous le coup des restrictions commerciales annoncées par l'Union européenne.